Harald Klinke

Immersives User Interface

mittels 3D-Grafik, Head-Tracking und Touch-Input

Harald Klinke

Immersives User Interface

mittels 3D-Grafik, Head-Tracking und Touch-Input

Graphentis Verlag

ISBN 978-3-942819-05-3

1. Auflage

© Graphentis Verlag e. K., München 2015
Herstellung: Books on Demand GmbH, Norderstedt

Inhalt

Abbildungsverzeichnis

Tabellenverzeichnis

0. Abstract

Dieses Buch beschreibt die Ziele und die Entwicklung einer grafischen Benutzerschnittstelle, die einen 3D-Raum erzeugt, der durch räumliche Bewegung des Betrachters exploriert und mit Berührungsinput manipuliert werden kann. Dabei kommt Head-Tracking mithilfe von *Microsoft Kinect* und Touch-Input mithilfe von *Microsoft PixelSense* zum Einsatz.

Computergrafik ist zwar meist zentralperspektivisch aufgebaut, jedoch nicht wirklich dreidimensional. Durch die im Rahmen dieser Arbeit entwickelten Benutzerschnittstelle lässt sich ein besserer räumlicher Eindruck erzeugen, der insbesondere zu Präsentationszwecken von Objekten eingesetzt werden kann – jedoch ohne Brillen, die als störend empfunden werden, und ohne Displayfolien, die die Auflösung heruntersetzen.

Zum Einsatz kommt hier ein in einen Tisch integrierter Großbild-Touch-Screen, der optisch auf Infrarotbasis funktioniert. Das HD-Display erlaubt auf 40 Zoll großformatige Darstellungen und die Anzeige von 3D-Objekten, die sich mithilfe des .Net-Frameworks und dem Surface 2.0 SDK markieren, bewegen und rotieren lassen.

Der Kinect-Sensor interpretiert Differenzen von strukturiertem IR-Licht als Tiefeninformationen und kann auf diese Weise den Benutzer und seine Bewegung erkennen. Dessen Kopfposition kann in drei Achsen verfolgt und daraus dynamisch eine perspektivische 3D-Grafik mit gekippter Projektionsebene generiert werden, die – unterstützt durch die dadurch erzeugte Bewegungsparallaxe – von jeder Position im Raum einen überzeugenden räumlichen Eindruck erzeugt. So lassen sich die dargestellten Objekte leicht aus verschiedenen Blickwinkeln betrachten und mithilfe von Touch-Eingabe berühren und manipulieren. Diese Verbindung von Bild- und Realraum verstärkt den Eindruck von Immersion, also das „Eintauchen" in den virtuellen Bildraum, durch Haptik.

Die Prinzipien dieser Grundlagenforschung können im Rahmen von Human-Machine Interfaces (HMI) in der Präsentation, im Design, in der Logistikplanung, bei Fahrerassistenzsystemen oder Konsumentenelektronik zum Einsatz kommen. Der Vorteil liegt in der Erzeugung eines räumlichen Eindrucks und die Manipulierbarkeit von Objekten *ohne* die Notwendigkeit von weiterer Peripherie.

1. Herausforderung

1.1. Ausgangsposition

Der Mensch ist als „Homo Pictor" ein bilderzeugendes Wesen. Dies bedeutet, er kann sich nicht nur verbal und textlich, sondern auch visuell mitteilen [29]. Seit der Renaissance steht in der westlichen Welt dabei vor allem das zentralperspektivische Bild im Mittelpunkt [59]. Es definiert sich als Schnitt durch die „Sehpyramide" und stellt eine Projektion der dreidimensionalen Welt auf eine zweidimensionale Ebene dar [30]. Eine ähnliche Projektion findet in der Camera Obscura statt, dessen Bild mithilfe des chemischen Prozesses der Fotografie festgehalten werden kann [58].

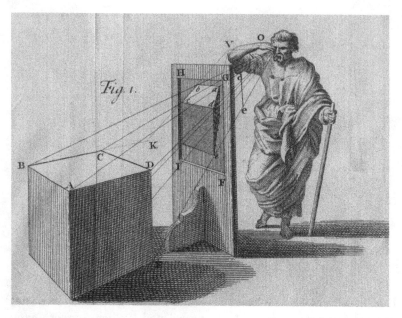

Abbildung 1: Zentralperspektivische Bildkonstruktion durch Projektion [12]

Im 15. Jahrhundert sind die Prinzipien entwickelt worden, mit deren Hilfe derartige Bilder konstruiert werden können. Horizontlinien und Fluchtpunkte erlauben dabei die Konstruktion von Bildräumen, die den Eindruck erzeugen, den Realraum vor dem Bild zu erweitern. Das Bild der Renaissance benutzt somit den Fensterblick als Metapher. Es wird also der Anschein erweckt, hinter der Bildebene befände sich ein weiterer Raum – der Bildraum.

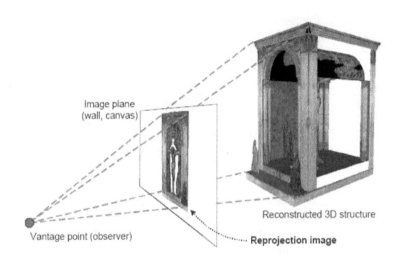

Image plane
(wall, canvas)

Reconstructed 3D structure

Vantage point (observer)

Reprojection image

Abbildung 2: Raumeindruck eines zentralperspektivisch konstruierten Bildes von einem Blickpunkt aus [25]

Die Grenzen dieser Bildkonstruktion sind jedoch offensichtlich. So ist die Illusion der Räumlichkeit tatsächlich nur mit einem Auge perfekt, ansonsten stört die flache Bildebene den räumlichen Eindruck. Des Weiteren wirkt die Illusion nur von einem bestimmten Punkt im Raum aus – von jedem anderen Punkt erscheint die Projektion verzerrt. Das bedeutet, der Betrachter muss vollkommen unbewegt vor dem Bild stehen, damit der verschobene Blickwinkel nicht mit der starren Bildprojektion im Konflikt kommt.

Diese Begrenzungen des zentralperspektivischen Bildes haben vor allem ihre Ursache im Medium des Bildes. Dies war in der Renaissance neben der Zeichnung meist das Fresko oder das Ölgemälde, später in der Fotografie die lichtempfindliche Schicht der Fotoplatte. Bei diesen Bildmedien handelt es sich um statische Medien. Dies bedeutet, die Bildinformation ist fest mit dem Bildträger verbunden und nicht durch äußere Eingaben veränderbar.

(1) Dies stellt sich seit wenigen Jahrzehnten anders dar. Mit der Entwicklung des Computers ist es möglich, Bilder zu berechnen. Mit

gesteigerter Rechenkapazität seit den 1980er Jahren wurden die Computer Graphics zu einem bedeutenden Zweig der Informatik und der 3D-Grafik [57]. Sie beruht auf den in der Renaissance entwickelten Prinzipien der Zentralperspektive und fand vor allem in Spielekonsolen als Echtzeitgrafik ihre Anwendung und Weiterentwicklung.

Damit ist der Computer als Bildmedium ein dynamisches Medium. Sein Bild kann in Echtzeit generiert werden und auf User-Input reagieren. Dies erlaubt neue Möglichkeiten der Weiterentwicklung des Bildes, die bei aller Innovation auf diesem Gebiet bei Weitem noch nicht ausgeschöpft ist. Nun ist es möglich, ein Bild zu generieren, das so konstruiert ist, dass seine räumliche Illusion auch aus einem sich verändernden Blickpunkt im Raum aufrecht erhalten wird, indem der Bildaufbau in Echtzeit auf die Betrachterposition reagiert.

Ein solches System erlaubt es, für eine Person eine individuelle visuelle Illusion zu erzeugen, die nicht nur an einem, sondern an *jedem* Punkt im Raum überzeugend wirkt. Mit jeder Bewegung des Kopfes würde das Bild entsprechend neu errechnet. Der auf diese Weise erzeugte Effekt der Bewegungsparallaxe steigert den dreidimensionalen Eindruck noch weiter. Dies bedeutet eine Bewegung nach links lässt mehr von der linken Seite des Objekts erscheinen, eine Bewegung nach rechts mehr von der rechten Seite.

(2) Seit der Entdeckung der Prinzipien zentralperspektivischer Bildkonstruktionen war es immer wieder der Wunsch von Künstlern, den Eindruck der Verschmelzung von Bild- und Realraum, bzw. die Aufhebung der Bildebene soweit voranzutreiben, dass der Eindruck erzeugt wird, es handele sich nicht mehr um ein Bild, sondern um eine Wirklichkeit. Dies wird als „Immersion" bezeichnet: Der Betrachter kann – im besten Falle – nicht mehr zwischen Virtualität und Realität unterscheiden und erhält den Eindruck, dass das Bild Teil der eigenen Umgebung ist.

Ein in Abhängigkeit vom Betrachterstandort auf diese Weise dynamisch erzeugtes Bild kann somit die Illusion von Dreidimensionalität verstärken. Immersion kann aber noch durch eine andere Form der Interaktion erzeugt werden. Interaktion benötigt zunächst einen User-Input. Dies ist am Computer häufig die Maus-Peripherie, die einen Pfeil über das Bild steuert, oder ein Joystick, der eine Spielfigur kontrolliert. Bei beiden Methoden handelt es sich um indirekte Interaktionen: Die Bewegung der Peripherie vor dem Gerät resultiert in der Bewegung eines Objektes auf dem Bildschirm.

Die Einführung des Touch-Screens (beispielsweise beim Apple iPhone oder iPad) stellt einen wichtigen weiteren Schritt in der Interaktion und in der Entwicklung immersiver Medien dar. Hierbei hat der Benutzer den Eindruck, Objekte auf dem Bildschirm direkt manipulieren zu können. Die taktile Manipulation von virtuellen Objekten stellt eine qualitative Steigerung von Immersion dar [58]. Es ist eine weitere Möglichkeit, die Grenzen des klassischen zentralperspektivischen Bildes zu erweitern.

(3) Die hiermit beschriebene Erweiterung des Renaissancebildes ist jedoch kein Selbstzweck technischer Experimentierfreude. Das digitale Bild steht heute nicht mehr nur in seiner Funktion als Abbildung, sondern hat eine wichtige Funktion in der Informatik als Schnittstelle zwischen Mensch und Maschine. Die graphische Benutzerschnittstelle (GUI) stellt eine Symbolisierungsschicht zwischen der mathematischen Abstraktion rechnerischer Vorgänge und dem menschlichen Alltagsverständnis dar, so dass die Verwendung des Computers auch Laien intuitiv möglich ist. Gegenüber rein textlichen Programmieroberflächen war die Entwicklung des GUI (Xerox PARC) ein wichtiger Meilenstein und die Einführung kapazitiver Touch-Screens in den Massenmarkt ein bedeutender Schritt in Richtung intuitiver Bedienung von Computern [44].

Die Weiterentwicklung von Bildmedien hat daher im Rahmen von Benutzerschnittstellen (User Interfaces) eine wesentliche Funktion. Die Entwicklung eines Bildsystems, das (1) dynamisch vom Benutzerstandpunkt generiert wird und (2) mit den so dargestellten Objekten per Touch-Input interagieren lässt, kann eine entscheidende Weiterentwicklung von (3) intuitiven Benutzerschnittstellen darstellen. Damit sind immersive Benutzerschnittstellen, wie sie aus Kinofilmen wie „Minority Report", „Avatar" oder „Iron Man 2" als Vision einem größeren Publikum bekannt sind, in einem ersten Schritt umsetzbar.

1.2. Technische Konzeption

Ein solches Bildsystem benötigt technisch drei Komponenten. Zunächst ist (1) eine Head-Tracking-Einheit notwendig, die den Standort des Betrachters, seinen Kopf, genauer seine Augenposition bzw. seinen Blick auf das Bild verfolgt. Die so gewonnenen räumlichen Koordinaten dienen anschließend als Input der dynamischen Generierung (2) einer 3D-Grafik. Die in diesem Bildraum dargestellten Objekte werden anschließend (3) durch direkte Berührung des Bildschirms manipuliert, das heißt bewegt oder verändert.

(1) Zum Head-Tracking soll in diesem Projekt der Kinect-Sensor von Microsoft zum Einsatz kommen. Dabei handelt es sich um eine kostengünstige, eigentlich für die Spielkonsole Xbox entwickelte Peripherie, um Gestensteuerung in Computerspielen zu ermöglichen. In der Version *Kinect for Windows* wurde sie für Entwickler geöffnet, um mithilfe eines PC und eines Software Development Kit (SDK) Anwendungen zu entwickeln, die auf die Daten der Kinect zurückgreifen, darunter das User Tracking.

(2) Um die 3D-Grafik zu erzeugen, wird auf die *Windows Presentation Foundation* (WPF) zurückgegriffen. Dabei handelt es sich um eine in das System integrierte Weiteentwicklung von Windows Forms, die mit verhältnismäßig einfachen Mitteln 3D-Grafiken erzeugen lässt und aus der Entwicklungsumgebung Visual Studio leicht zugreifbar ist.

(3) Für den Touch-Input kommt *PixelSense* zum Einsatz. Dieses großformatige Display ist eine gemeinsame Entwicklung von Samsung und Microsoft, das auf der Basis von Infrarot Bildschirmberüh-

rungen detektieren und mithilfe des Surface 2.0 SDK verarbeiten lässt. Das in das Touch-Display integrierte PC-System ist gleichzeitig Entwicklungsplattform und Laufzeitumgebung der Anwendung, die die 3D-Grafik in Abhängigkeit von User-Standortdaten der Kinect und Touch-Input auf das Display ausgibt.

1.3. Vorteil des konzipierten Bildsystems

3D-Displays existieren derzeit in verschiedenen Formen. Mit den meisten wird das Ziel verfolgt, für beide Augen unterschiedliche Bilder darzustellen und somit einen stereoskopischen Effekt zu erzeugen. So werden beispielsweise bei anaglypher Projektion zwei Bilder überlagert, die mit einer Filterbrille für jedes Auge getrennt werden. Neben der Notwendigkeit einer Brille ist hier die Farbdarstellung stark eingeschränkt. Diese ist bei Interferenzfiltern hingegen deutlich besser, die Brille ist aber weiter notwendig und schränkt die intuitive Bedienung ein. Ohne Brille funktionieren Displays, denen ein Linsenraster vorgeblendet wird, um verschiedenen Augenpunkten verschiedenen Pixelspalten darzustellen. Dabei ist die effektive Auflösung des Bildes jedoch erheblich reduziert [45].

Das hier konzipierte System bietet ein Interface an, das ohne zusätzliche Brille, also mit sehr niedriger Einstiegsschwelle arbeitet. Das Head-Tracking funktioniert vollständig berührungslos und wird sofort bei Erfassung der Person durch den Kinect-Sensor aktiviert. Durch die Bewegung des Kopfes entsteht ein Parallaxen-Effekt, der einen hohen dreidimensionalen Eindruck erzeugt. Die Möglichkeit der scheinbaren Berührung und Manipulation virtueller Objekte ist zudem sehr nah an der Erfahrung im Umgang mit realen Objekten und verstärkt dadurch den immersiven Eindruck des Systems. Auf diese Weise kann eine Person niederschwellig Zugang zu einem Computersystem finden und intuitiv Objekte und damit indirekt, das heißt auf einer symbolischen Ebene Daten manipulieren, interagieren und mit anderen Usern kollaborieren.

1.4. Übersicht über die Forschungsliteratur

An der Möglichkeit, ein Bild in Abhängigkeit von der Benutzerposition zu generieren, wird schon lange geforscht. Bereits im Jahr 1995 untersuchte Jun Rekimoto vom Sony Computer Science Laboratory wie zu diesem Zweck ein Head-Tracking funktionieren kann. In seiner Publikation zeigt er eine Kamera, die über einem CRT-Monitor eines Desktop-PCs angebracht ist, dessen Videobild von einer Mustererkennung verarbeitet wird und zweidimensionale Koordinaten der Kopfposition des davor befindlichen Users erzeugt. Er macht deutlich, dass daraus ein System des Virtual Reality ohne „Head Gear", also ohne zusätzliche Peripherie möglich wäre [33].

Im Jahr 2007 veröffentlichte Johnny Chung Lee, damals Student an der Carnegie Mellon University, ein Video, in dem er demonstriert, wie Head-Tracking mit dem Infrarot-Gamecontroller Wii Remote von Nintendo umzusetzen ist. Dabei verwendet er die Remote selbst als Empfänger von Infrarotstrahlen, die der Sensor, den er am Kopf montiert hat, aussendet. Lee zeigt ebenfalls, wie aufgrund dieser Raumkoordinaten eine Grafik erzeugt werden kann, die ein sich veränderndes Sichtfeld und eine Bewegungsparallaxe simulieren kann. Dazu verwendet er Direct3D und publizierte den Quellcode [34, 35].

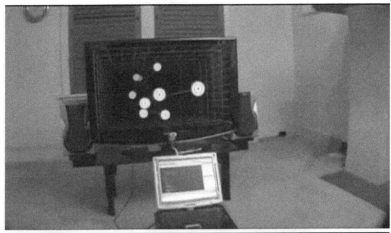
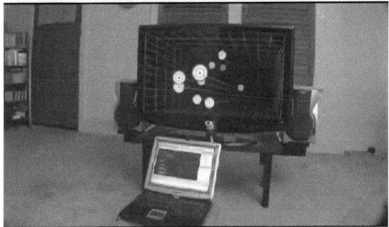

Abbildung 3: Screenshots aus Johnny Lees Video zu „Head Tracking for Desktop VR Displays" [34]

Im Jahr 2008 beantragten Kerr et. al., Mitarbeiter von Apple, ein Patent mit den Titel „Systems and methods for adjusting a display based on the user's position". Darin beschreiben sie ein Display, dessen Bild sich entsprechend der Koordinaten des Benutzers ausrichtet. Dabei wird ebenfalls von einem Tracking der Kopfposition ausgegangen, die zu einer Transformation der Perspektive führt [37].

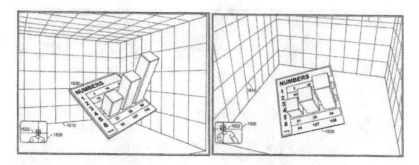

Abbildung 4: Abbildungen aus dem Patent von Apple Inc.

Seit 2011 existiert im Apple AppStore eine Software, die diesen Ansatz auf das iPhone brachte. Jeremie Francone und Laurence Nigay von der Engineering Human-Computer Interaction Research Group der Universität Joseph Fourier in Grenoble nutzten die frontseitige Kamera des Gerätes und wendeten einen selbst entwickelten Face Recognition-Algorithmus über den Videostream an. Aufgrund dessen kann diese Demoanwendung (optimale Lichtverhältnisse vorausgesetzt) 3D-Grafiken in einer „Head-Coupled Perspective (HCP)" darstellen [24]. Da aus den Kameradaten keine Z-Koordinate herauszulesen ist, nehmen sie eine Entfernung von 30 cm an. Sie verwenden OpenGL ES 2.0 und beschreiben in ihrer Publikation die Notwenigkeit eines asymmetrischen Frustum bei einer Projektion, die aus der Achse verschoben ist [24].

Sébastien Piérard et. al. von der University of Liège publizierten im Jahr 2012 einen Artikel über ein interaktives und immersives System, das sie ebenfalls als „Head-Coupled Device" bezeichnen [36]. Dabei handelt es sich zwar nicht um eine Darstellung auf einem Display, sondern um eine Projektion in den Raum. Zur Feststellung des Augenpunktes kommt hier jedoch bereits eine Kinect zum Einsatz. In ihrer Publikation beschreiben sie die Anwendung der Matrix-Projektion für ihr Szenario, das Hinweise für das hier vorliegende Projekt bieten kann [36].

Diese Systeme sehen eine Grafik-Generierung aufgrund der Betrachterposition vor. Jedoch ist hier noch kaum von einem User Interface zu sprechen, da die weitere Interaktion mit den Bildinhalten fehlt. In einem System, das sowohl aus einem Head-Coupled Device besteht also auch Touch-Input erlaubt, liegt die Möglichkeit, komplexe Manipulationen von Daten auf einer visuellen Abstraktionsebene herzustellen. Dies stellt eine Weiterentwicklung der graphischen Benutzerschnittstelle um Touch-Input und erweiterte virtuelle Realität dar. Die Umsetzung mit handelsüblicher Hardware und frei verfügbarer Software liefert die Grundlage für weitere Forschungen im Gebiet der User-Interaktion und der digitalen Bildmedien.

Zur programmiertechnischen Umsetzung existieren zur Kinect zahlreiche englischsprachige Handbücher. Erwähnenswert ist vor allem das Buch von Sean Kean et. al. aus dem Jahr 2011 [14], bevor die Kinect for Windows mit dem SDK auf den Markt kam, daher benutzt es das Framework OpenNI. Das ähnlich aufgebaute, aber umfangreichere Handbuch von Jarrett Webb et. al [15] bezieht sich auf das SDK 1.0. Ebenso verhält es sich mit dem Buch von Jeff Kramer et.al. [54] und Rob Miles [56]. Das Buch von David Catuhe [13] erschließt auch die SDK Version 1.5. Abhijit Jana bezieht bereits Version 1.6 ein [55]. Daneben stellt Microsoft eine Dokumentation für das Kinect for Windows SDK bereit, die auch die Version 1.8 des SDK umfangreich dokumentiert [32].

Zur Windows Presentation Foundation ist vor allem das umfangreiche Buch von Chris Sells und Ian Griffiths zu empfehlen [52], das in Kapitel 17 eine sehr gute Einführung in die 3D-Grafik bietet. Zu technischen Details ist die Publikation von Daniel Solis heranzuziehen [53]. Jack Xu ist die einzige Quelle, die die genaue Verwendung der Matrix-Projektion erklärt [20].

Zum PixelSense-Tisch lässt sich kaum Literatur finden. Dies liegt vermutlich daran, dass es sich bei einem Verkaufspreis von 8.999,- € um keine Hardware handelt, die sich an Privatkunden richtet [16].

Hilfreich sind jedoch online die Hinweise von Microsoft zum Surface 2.0 SDK, die eine Class Library Reference beinhalten [31].

2. Umsetzung

Um ein User Interface zu schaffen, das mit Head-Tracking, Touch-Input und 3D-Grafik ein immersives Erlebnis erzeugt, sind die Raumkoordinaten des Users an den Computer zu geben, der aufgrund dessen dynamisch eine 3D-Grafik erzeugt, deren Inhalte mittels Touch-Input manipuliert werden können. Dazu kommen hier die Systeme Kinect, PixelSense und WPF zum Einsatz.

Um ein immersiven Eindruck zu erzeugen, ist zunächst ein großformatiges Display notwendig, das gleichzeitig Touch-Eigenschaften besitzt und offen für Entwickler ist. Das iPad ist daher nicht erste Wahl, das das Display mit maximal 9,7 Zoll Bildschirmdiagonale für den mobilen Einsatz geschaffen ist, jedoch nicht optimal für die hier gegebenen Anforderungen. Der *PixelSense*-Tisch erlaubt mit einem vollständigen Windows, Entwicklungsumgebungen und spezifischen SDKs eine vollständige Kontrolle des Systems, die erforderlichen Input-Eigenschaften sowie eine ausreichende Display-Größe.

Für das Head-Tracking sind verschiedene Optionen denkbar. So lässt sich mithilfe einer Webcam und Face Recognition die Position des Nutzers ermitteln. Dies erfordert jedoch höheren individuellen Programmieraufwand, ist prozessorlastig und beinhaltet keine Tiefendimension. Die Kinect bietet ein umfangreiches SDK zur Verarbeitung der Daten und User Tracking an, nimmt der CPU einen Teil der Vorverarbeitung ab und liefert die Tiefendimension. Zudem ist es mit dem PixelSense-System kompatibel, so dass weder die Entwicklungsumgebung noch die Basis des .Net-Frameworks verlassen werden muss.

Die Wahl von Windows Presentation Foundation erklärt sich ähnlich. Das Grafik-System ist eng mit dem Betriebssystem verbunden und niederschwellig zugänglich. Zudem wird die Grafik mittels Direct3D gerendert. Dies ist Teil von DirectX und entlastet die CPU bei 3D-Berechnung, indem die Hardwarebeschleunigung der Grafikkarte genutzt wird [11].

Aus demselben Grund wird als integrierte Entwicklungsumgebung Microsoft Visual Studio Express 2010 mit der Programmiersprache C# verwendet. Dies wird von Microsoft empfohlen und ist Teil des Lieferumfangs von PixelSense.

Ziel dieser Arbeit ist es, in diesem Rahmen das Projekt des immersiven User Interfaces umzusetzen und anschließend seine Möglichkeiten und Grenzen zu bewerten. Daher werden zunächst die Spezifikationen der Hardware beschrieben und das Potenzial der Systeme umrissen. Anschließend wird die konkrete softwaretechnische Umsetzung dargelegt.

2.1. Darstellung der Einzelelemente

2.1.1. Microsoft PixelSense

Unter der Bezeichnung „Surface" brachte Microsoft im Jahr 2007 ein Gerät mit dem Formfaktor eines „Coffee Tables" auf den Markt, das vor allem aus einem 30-Zoll-Bildschirm bestand, der von unten von Kameras abgetastet wurde, um Berührungen festzustellen. Mit dieser Hardware und einem SDK konnten Anwendungen erstellt werden, die sich vor allem an Unternehmen richteten, die diese beispielsweise in Wartebereichen aufstellen konnten, um ihren Kunden Interaktionsmöglichkeiten anzubieten.

In Zusammenarbeit mit Samsung wurde dieses Konzept grundlegend überarbeitet und als SUR40 und dem Surface 2.0 SDK im Jahr 2011 angeboten. Seit die Tablet-Computer von Microsoft im Jahr 2012 unter dem Namen „Surface" angeboten werden, wurde dieses Gerät in „PixelSense" umbenannt. Dieses System besteht nun aus einem 40-Zoll-HD-Bildschirm, der sowohl horizontal als Tisch montiert als auch vertikal an einer Wand angebracht werden kann. Die geringe Tiefe wurde dadurch erreicht, dass die Touch-Erkennung nun nicht mehr mit Kameras bewerkstelligt wird, die eine Entfernung zur Projektionsfläche benötigen. Vielmehr kommt eine innovative Displaytechnik zum Einsatz.

Während beispielsweise das iPad mit einem kapazitiven Touch-Screen arbeitet, funktioniert der SUR40 mit der PixelSense-Technologie. Dies bedeutet, dass eine Hintergrundbeleuchtung nicht nur sichtbares Licht ausstrahlt, sondern zudem Infrarot-LEDs die Objekte vor dem Bildschirm bestrahlen. Die Reflektion dieser Infrarotstrahlen wird von im Display integrierten IR-Sensoren aufgefangen. Auf diese Weise entsteht ein Bitmap der Infrarotintensität, das an das SDK weitergegeben und als Touch-Input ausgewertet werden kann.

Auf diese Weise können, ähnlich wie von Multitouchgeräten wie dem iPad gewohnt, zahllose Berührungen mit Fingern detektiert werden. Da es sich jedoch nicht um einen kapazitiven Touch-Screen handelt, sondern das Raw-Image der Infrarotsensoren per Mustererkennung ausgewertet wird, sind weitergehende Analysen möglich. So beispielsweise auch die Orientierung des Fingers, die Unterscheidung von Finger und Hand oder die Erkennung von Tags [48].

Das Display hat eine Bildschirmdiagonale von 40 Zoll (101,6 cm) in Full-HD-Auflösung. Der integrierte Computer arbeitet mit 4 GB Arbeitsspeicher, einem AMD Athlon II X2 Dual Core 245e-Prozessor mit 2,9 GHz auf einem AM3-Sockel und einer AMD Radeon

HD6750M (IGP)-Grafikkarte. Neben vier USB-Anschlüssen verfügt das Gerät über HDMI-In- und HDMI-Out-Anschlüsse, Ethernet, WLAN und Bluetooth sowie einen SD-Cardreader, Lautsprecher, Audio-Ausgang und Mikrofon-Eingang [16].

Dieser Rechner ist in das Gehäuse hinter einem großen Display verbaut, das an der Wand hängend vertikal oder als Tisch horizontal angebracht werden kann. Das LCD-Display hat eine physische Dimension von 40 Zoll Bildschirmdiagonale (102 cm) bei einem Verhältnis von 16:9 LED und einer Auflösung von 1920x1080 Pixel, wobei jeder achte Pixel als optischer Infrarotsensor funktioniert. Auf diese Weise können Berührungspunkte des Bildschirms erkannt und das Display als Touch-Screen eingesetzt werden.

Als Betriebssystem dient Windows 7 Professional for Embedded Systems (64-bit), auf dem das Microsoft Surface SDK 2.0 im Rahmen von Visual C# Studio als Entwicklungsumgebung installiert ist.

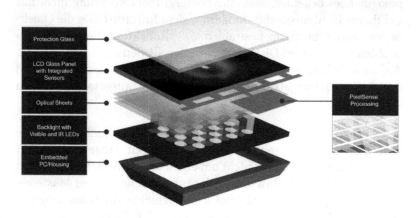

Abbildung 5: Samsung SUR40 [16]

2.1.2. Microsoft Kinect for Windows

Um für die Spielekonsole Xbox Eingaben per Gestensteuerung zu ermöglichen, brachte Microsoft im Jahr 2009 die Kinect heraus, die

28

2011 auch als Entwicklerversion „Kinect for Windows" auf den Markt kam. Dies unterscheidet sich von der Xbox-Version durch einen USB-Anschluss, der den proprietären Anschluss erweitert, und das SDK, das Entwicklern Zugriff auf die Funktionen des Gerätes von einem PC aus erlaubt.

Das Prinzip der Kinect beruht auf einer Technologie des Unternehmens PrimeSense. Dabei wird strukturiertes Licht im Infrarotbereich ausgesendet und die von den Objekten zurückgeworfenen Strahlen von einer Infrarotkamera aufgenommen. Die Differenzen zwischen ausgesendetem und empfangenem Muster werden als Tiefeninformation interpretiert. Eine zusätzliche VGA-Kamera ermöglicht, auf dieses Tiefenbild ein Bild des sichtbaren Spektrums zu mappen und so 3D-Aufnahmen anzufertigen. Zusätzliche Verarbeitung erlaubt das Tracking von Personen und deren Gliedmaßen (sogenannte Skelette) und Gestenerkennung.

Der Sensor Kinect for Windows besteht im Wesentlichen aus drei Einheiten:

– einem Infrarotprojektor,
– einer Infrarotkamera (monochromer CMOS, 640x480 Pixel, 30 Hz) und
– einer Farb-Kamera (CMOS, 640x480 Pixel)

Die IR-Kamera Micron MT9M001 hat faktisch eine Auflösung von 1280x1024 Pixel, jedoch steht nur der oben genannte Wert als Depth-Stream zur Verfügung [3]. Zusätzlich ist das Gerät mit einem Mikrophon-Array bestückt, das Geräusche ortet und Hintergrundgeräusche eliminiert. Außerdem kann ein Beschleunigungssensor abgefragt werden, um den Kamerawinkel zu ermitteln, der mithilfe eines Motors eingestellt werden kann.

Der IR-Projektor, Laserdiode (λ=830 nm) der Laserklasse 1, sendet im nicht-sichtbaren Infrarotbereich strukturiertes Licht aus [4,5]. Dies bedeutet ein pseudozufälliges Muster, das von der seitlich versetzten IR-Kamera aufgenommen wird. Fällt das IR-Licht auf Objekte, erscheint dieses Muster aus dem Blickwinkel der Kamera je nach Entfernung des Objekts unterschiedlich verschoben. Aus der Differenz zwischen ausgesendetem und empfangenem Muster errechnet der Chip PS1080 SoC des Unternehmens PrimeSense mittels Triangulation bei bekanntem Abstand von Projektor zu Kamera die räumliche Information.

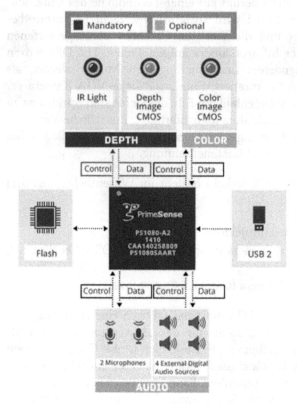

Abbildung 6: Elemente des Kinect-Kontrollers [1]

Das israelische Unternehmen PrimeSense Ltd.wurde von Apple im Jahr 2013 für $360 Mio. erworben [6]. Das Grundprinzip des Sensors ist in dem von PrimeSense beantragte US-Patent „Range mapping using speckle decorrelation" beschrieben, das im Jahr 2008 veröffentlicht wurde [9].

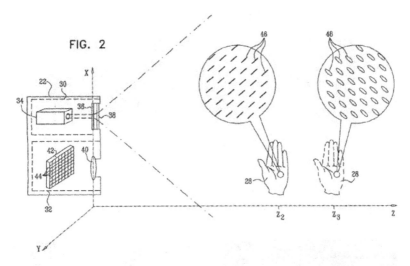

Abbildung 7: Funktionsweise von IR-Projektor und CMOS-Sensor: Sichtbar sind der Diffusor und die aufnehmende Kamera, die bei unterschiedlicher Distanz einer Hand ein unterschiedliches Muster aufnimmt [2]

Die Tiefenbilder können mit den Bildern der Farbkamera überlagert werden, um den räumlichen Daten Farbwerte zuzuordnen oder die 3D-Geometrie mit einer Textur zu versehen. Dieser Sensor hat einen horizontalen Blickwinkel von 57° sowie einen vertikalen Blickwinkel von 43°. Die Auflösung ist ausreichend, um auch Menschen abzubilden und ihre Bewegung zu erkennen. Microsoft bietet dazu ein SDK an, das die Funktionalitäten des Sensors über einen USB-Anschluss nutzen lässt.

Die Erkennungsdistanz wird mit 0,8 m bis 4 m angegeben [28]. Die Kinect for Windows ermöglicht im Gegensatz zu dem Sensor für die Xbox zudem einen Near-Modus, der bei 0,4 m bis 3 m liegt. Die Auflösung liegt 3 mm in x- und y-Richtung sowie bei 1 cm in die

Tiefe bei einer Distanz von 2 m [46]. Die Genauigkeit nimmt jedoch mit dem Quadrat der Entfernung zu [7].

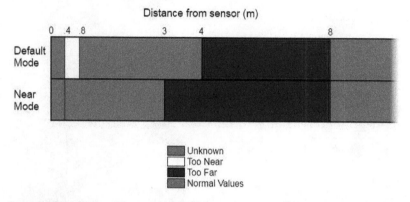

2.1.3. Windows Presentation Foundation

Windows Presentation Foundation (WPF) ist ein Grafik-Framework, das frühere Grafik-Bibliotheken von Windows ersetzt und erweitert. Dabei werden alle Grafik-Elemente unterstützt, die in einer graphischen Benutzerschnittstelle üblich sind, darunter 2D- und 3D-Grafiken und Medien wie Bilder, Filme und Audiodaten. Zusätzlich bietet WPF Dienste an, darunter Ereignissteuerung und Datenbindungen. WPF baut auf dem Betriebssystem, dem Display-Treiber, DirectX und dem .Net-Framework auf, wodurch dem Entwickler vielfältige Bibliotheken zur Verfügung stehen [10].

Das entscheidende Prinzip von WPF ist die Trennung von Design und Logik. Zwar kann auf die Grafikerzeugung auch per Code zugegriffen werden, die Trennung von graphischer Schnittstelle und Code erlaubt in vielen Fällen jedoch eine schnelle Umsetzung von Softwareprojekten. Deutlich wird dies in der Entwicklungsumgebung Visual Studio, die ebenfalls beide Bereiche trennt.

So wird einerseits der C#-Code in einer CS-Datei abgelegt. Andererseits werden in einer XAML-Datei die graphischen Elemente und ihr Layout auf dem Bildschirm bzw. innerhalb des Fensters definiert. Die Extensible Application Markup Language (XAML) ist eine von Microsoft entwickelte Beschreibungssprache, die sich eng an XML anlehnt und ebenso hierarchisch aufgebaut ist. Sie wird verwendet, um grafische Elemente, ihre Verhaltensweisen, Animationen, Transformationen etc. zu definieren. Sie wurde als Teil der WPF entwickelt und bildet inzwischen auch die Grundlage für Microsoft Silverlight-Anwendungen und Windows-Store-Apps [10].

2.2. Programmtechnische Umsetzung

Der *PixelSense*-Tisch ist ein Großbild-Display (s. Abbildung 5) mit integriertem PC, der – entsprechend konfiguriert – auf diese Weise als Stand-Alone-Rechner zum Einsatz kommen und im Präsentationsmodus dem User die Anwendungen anbieten kann, die dieser ohne weitere Peripherie per Touch auswählen und benutzen kann.

Der Entwickler kann sich jedoch mit angeschlossenem externen Display, Tastatur und Maus mit der Tastenkombination Strg+Alt+Entf wie gewohnt am System anmelden und die vorinstallierte Entwicklungsumgebung Visual Studio 2010 Express nutzen. Es kommt dabei das .Net-Framework 4.0 mit der Programmiersprache C# zum Einsatz. Da WPF Teil des Betriebssystems ist und das Surface 2.0 SDK ebenfalls bereits vorhanden ist, muss lediglich das Kinect SDK installiert werden (dies setzt das Xbox Game Programming Environment XNA Game Studio 4.0 voraus), das nur mit einer per USB angeschlossener Kinect-Hardware funktioniert.

Dabei wird der Kinect-Sensor in etwa 1 m Abstand vor den horizontal als Tisch angebrachten PixelSense-Tisch angebracht, so dass ein sich dem Tisch nähernder Benutzer von dem Sensor erkannt und, während dieser den Tisch verwendet, verfolgt werden kann.

2.2.1. Head-Tracking mittels Kinect

Ziel der Verwendung der *Kinect* ist es, den User zu erkennen, die räumlichen Koordinaten des Kopfes zu verfolgen und an die 3D-Grafik weiterzugeben. Die Koordinaten werden in Metern angegeben und beziehen sich auf den Nullpunkt des Sensors.

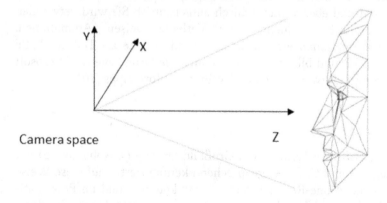

Abbildung 10: Raumkoordinaten der Kinect [18]

Abbildung 11: Face-Tracking der Kinect

Zwar beherrscht die Kinect auch ein Face-Tracking, das die Koordinaten von 87 Punkten des Gesichts verfolgen und damit auch Mimik erkennen kann. Dazu muss zusätzlich der Namespace `Microsoft.Kinect.Toolkit` eingebunden werden [18]. Dies ermöglicht die Lokalisierung von Gesichtskoordinaten und Mimik. Dadurch ist zwar theoretisch auch die genaue Feststellung der Augenmittelpunkte möglich, dies ist rechentechnisch jedoch aufwendiger als nur den Head-Joint des Skelettes zu tracken, der für den vorliegenden Zweck praktisch ausreichend ist. Die bis zu sechs verfolgbaren Skelette und jeweils zwanzig Glieder werden nach folgendem Schema angesprochen:

Abbildung 12: VGA-Bild mit überlagerter Skelettdarstellung. Oberster Punkt ist der Head-Joint, der für das Head-Tracking verwendet wird

Um auf die Funktionen des Kinect SDK zugreifen zu können, sind zunächst folgende beiden Komponenten einzubinden:

```
using Microsoft.Kinect;
using Microsoft.Kinect.Toolkit;
```

Anschließend wird der Kinect-Sensor deklariert und ein Array für die erkannten Skelette definiert.

```
private KinectSensor _sensor;
private Skeleton[] _skeletons;
```

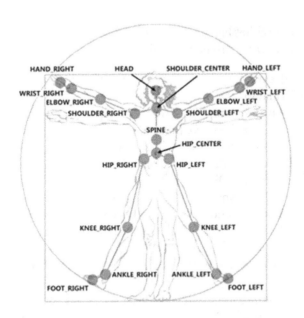

Abbildung 13: Bezeichnung der Glieder eines Skelettes im Kinect SDK [17]

Mit dem im XAML-Dokument angelegten Loaded-Ereignis, das eintritt, bevor das Fenster erstmalig angezeigt wird und für die Interaktion bereit ist, wird der Kinect-Sensor ausgewählt, initialisiert und gestartet. Dabei wird, sollten mehrere Sensoren angeschlossen sein, der erste verfügbare ausgewählt und im Falle, dass keiner angeschlossen ist, der Vorgang abgebrochen. Hier kann auch im GUI eine Ausgabe einer Meldung erfolgen.

```
_sensor = KinectSensor.KinectSensors.FirstOrDefault();
if (_sensor == null)
{
        Close();
        return;
}
```

In einem weiteren Schritt wird ein Array für die Skelette definiert, die Datenströme der Kameras ausgewählt, FrameReady-Ereignisse definiert und schließlich der so konfigurierte Sensor gestartet. Dabei sind folgende Datenströme von Relevanz:

1. DepthStream. Dies ist die aus der IR-Kamera interpretierte Tiefeninformation, die aktiviert werden muss, um daraus den Benutzer zu tracken. Sie stellt also die Basis für den SkeletonStream dar. Der DepthStream wird auf den Modus „Near" gestellt, da die zu erwartende Person sich vor dem PixelSense-Tisch in dieser Entfernung von ca. 1,25 m aufhält.
2. SkeletonStream. Dies ist das Ergebnis des User Trackings und liefert die Positionsdaten der erkannten und verfolgten Benutzer vor dem Sensor und liefert unter anderem die räumliche Position des Kopfes des aktiven Nutzers (Head-Joint). Der Tracking-Mode auf „Seated" gestellt, da die Beine des Benutzers durch den PixelSense-Tisch von der Position der Kinect nicht sichtbar sind.
3. ColorStream. Dieser liefert das Bild der VGA-Kamera, die dazu verwendet wird, um das Porträt der getrackten und aktiven Personen anzuzeigen. Dazu wird aus dem jeweiligen Frame ein Bereich entsprechend der auf das VGA-Bild gemappte X- und Y-Koordinate des jeweiligen Head-Joint ausgeschnitten und in einen im XAML definiertes Image kopiert.

```
_skeletons = new Skeleton[_sensor.SkeletonStream.Frame
SkeletonArrayLength];

_sensor.DepthStream.Range = DepthRange.Near;
_sensor.DepthStream.Enable(DepthImageFormat.Resolution640
x480Fps30);

_sensor.SkeletonStream.EnableTrackingInNearRange = true;
_sensor.SkeletonStream.TrackingMode = SkeletonTracking
Mode.Seated;
_sensor.SkeletonStream.Enable();

_sensor.ColorStream.Enable(ColorImageFormat.RgbResolution
640x480Fps30);

_sensor.DepthFrameReady += SensorOnDepthFrameReady;
```

```
_sensor.SkeletonFrameReady += SensorOnSkeletonFrameReady;
_sensor.ColorFrameReady += SensorOnColorFrameReady;

_sensor.Start();
```

Nachdem der Sensor mit diesen Einstellungen gestartet wurde, sind die Ereignishandler SensorOnDepthFrameReady, SensorOnSkeltonFrameReady, SensorOnColorFrameReady verfügbar, die die Daten der jeweiligen Streams verarbeiten lassen. Die ColorFrames werden später verwendet, um die Porträts der User anzuzeigen, die DepthFrames spielen hier nur als Basis des Skelett-Trackings eine Rolle, die SkeltonFrames enthalten die Koordinaten des Kopfes.

Der jeweilige SkeletonFrame enthält die aus dem DepthStream erhaltenen getrackten User und deren verfolgten Skelette. Dies bedeutet für jedes Körperglied (Joint) und deren Endpunkte X-, Y- und Z-Koordinaten. Der SensorOnSkeletonFrameReady-Eventhandler erhält die SkeletonFrameReadyEventArgs, aus denen der aktuelle SkeletonFrame herausgelesen wird. Zunächst wird geprüft, ob dieser Frame nicht leer ist. Dann kann die Verarbeitung innerhalb einer Try/Catch-Anweisung, die mögliche Fehler während der Verarbeitung abfängt, platziert werden.

```
using (SkeletonFrame skeletonFrame = skeleton
        FrameReadyEvent Args.OpenSkeletonFrame())
        {
                if (skeletonFrame == null)
                {
                // Kein Skelettframe aus dem Stream
                erhalten
                        return;
                }
        try
                {
[...]
                }
        catch (InvalidOperationException)
                {
```

```
                    // SkeletonFrame functions may throw
                    when the sensor gets
                    // into a bad state. Ignore the
                    frame in that case.
                    }
          }
```

Ist der SkeletonFrame nicht leer, werden seine Daten zur weiteren Verarbeitung in das oben definierte Array _skeletons kopiert. Darauf kann nun zugegriffen werden. Dieses Array kann bis zu sechs Skelette enthalten, deren TrackingState abgefragt werden kann. Dies ist die Voraussetzung, um die Koordinaten der Joints abfragen zu können.

```
skeletonFrame.CopySkeletonDataTo(_skeletons);

//Gesamtzahl tracked Skeletons
int totalTrackedSkeletons = _skeletons.Where(skeleton
=>skeleton.TrackingState == SkeletonTrackingState. Tra-
cked).Count();

if (totalTrackedSkeletons == 0)
     {
     // Wenn kein Skelett erkannt, Meldung ausgeben und
        Position auf Null
        hp_x = 0;
        hp_y = 0;
        hp_z = 0;
     }
     else
     {
     x = 0;
     // Anfang jeweiliges Skelett
     foreach (Skeleton skeleton in this._skeletons)
          {
          if (skeleton.TrackingState == Skeleton
          TrackingState.Tracked)
             {
             // Kopie des Portraits in ein in XAML
                definiertes Image
             // Erstes Skelett als aktiv definieren
```

```
   if (x = 0)
      {
      meinskelettnr = x; //Nimmt das erste
      getrackte Skelett
      }

   else // wenn nicht getrackt
      {
      }
   x = x + 1;
   } // Ende jeweiliges Skelett

   // Head-Koordinaten des aktuellen Skeletts weiter-
      geben
   if
(_skeletons[meinskelettnr].Joints[JointType.Head].Track
ingState!=JointTrackingState.NotTracked)
      {
            Joint head =
            _skeletons[meinskelettnr].Joints[Joi
            ntType.Head];
            // Das ist das aktive Skelett
            hp_x = head.Position.X;
            hp_y = head.Position.Y;
            hp_z = head.Position.Z;
      }
   } // Endif
```

Für jedes Skelett wird nun geprüft, ob es verfolgt wird. Sollte kein einziges Skelett erkannt worden sein, wird eine Meldung ausgegeben, die auffordert, näher an das Gerät heranzukommen. Werden ein oder mehrere Skelette erkannt, wird zunächst das erste erkannte Skelett als aktiv definiert. Aus dem Skelettarray wird dann der JointType **Head** extrahiert und dessen X-, Y- und Z-Koordinaten in Variablen übertragen (ist kein Skelett vorhanden, werden diese auf null gesetzt). hp_x, hp_y, und hp_z sind schließlich die räumlichen Koordinaten des Kopfes des ersten getrackten Skelettes, die anschließend an die Grafik übergeben werden, um daraus eine angepasste Perspektive zu generieren.

2.2.2. 3D-Grafik mittels WPF

Windows Presentation Foundation unterstützt das Rendering von 3D-Grafiken, das bedeutet die Darstellung von Objekten in perspektivischer Verkürzung, Verdeckungsberechnung und begrenzt Reflexionen und Schatten. Für die Darstellung einer solchen Szene ist in WPF die Deklaration des Elements `Viewport3D` notwendig, der bildschirmfüllend definiert wird.

Die Definition einer Szene benötigt drei Elemente:

(1) Modelle der Objekte, die dargestellt werden sollen. Ein Modell besteht aus einer Geometrie, die aus Dreiecken (Vertices) besteht, deren räumliche Eckpunkte, Indices und Normalen definiert werden müssen und ein Drahtgittermodell ergeben. Dies wird mittels `MeshGeometry3D` definiert. Zudem kann ein Material zugwiesen werden, das mit `DiffuseMaterial` definiert wird. Es kann auch notwendig sein, das Modell im Raum zu verschieben und zu drehen, was mit `TranslateTransform3D` erreicht werden kann [10].

In diesem Projekt sollen Modelle von Autos dargestellt werden. Diese werden aus vorhandenen komplexen 3DS-Dateien mithilfe des Programms ZAM3D des Unternehmens Electricrain [19] in XAML-Strukturen konvertiert und der XAML-Projektdatei als `Viewport3D.Resources` hinzugefügt, da so die Programmstruktur übersichtlich bleibt und die Modelle mehrfach verwendet werden können, ohne jeweils neu definiert werden zu müssen.

(2) Licht, das die Szene beleuchtet und Reflexionen und Schatten beeinflusst. Dabei stehen als Lichtquellen folgende Typen zur Verfügung. `AmbientLight` ermöglicht eine allgemeine Ausleuchtung. `DirectionalLight` entspricht einer weit entfernten Lichtquelle mit einer Richtung, aber ohne genau definiertem Ort. `PointLight` entspricht einer nahen Lichtquelle, die Objekte entsprechend ihrer Entfernung und Position stärker oder schwächer erhellt. Und schließlich ermöglicht `SpotLight`, ein Objekt sehr gezielt mit einem Lichtkegel anzustrahlen.

(3) Eine virtuelle Kamera, von der aus die Szene „gesehen" wird. Diese ist mit einem bestimmten Ort (Position) und Blickvektor (`LookDirection`) definiert. Entscheidend ist dabei, dass von der definierten Szene nur der Teil tatsächlich gerendert wird, der sich innerhalb des durch die Kamera definierten Sehvolumens in Form eines Pyramidenstumpfes (Frustum) befindet. Dieser ist vorne durch die Near Clipping Plane begrenzt, vor der nichts dargestellt wird und die gleichzeitig als Projektionsebene der Szene dient, und hinten durch die Far Clipping Plane, hinter der nichts gerendert wird (Clipping). Seitlich wird der Pyramidenstumpf definiert durch die Winkelgröße der Sehpyramide (`FieldOfView`), vergleichbar dem Winkelbereichs eines Objektivs einer realen Kamera, das auch die Größe der Projektionsebene mitbestimmt (Sichtfeld).

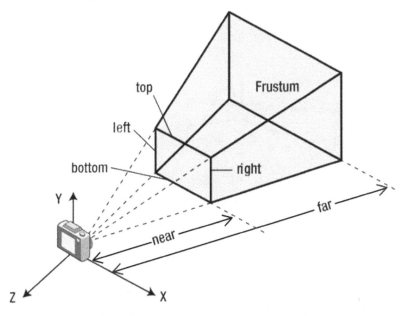

Abbildung 14: Definition einer virtuellen Kamera [20]

Dabei sind in Windows Presentation Foundation drei Kameratypen zu unterscheiden [23]. `OrthographicCamera` stellt eine orthographische Projektion dar. Das bedeutet, Objekte werden immer in

43

derselben Größe gezeigt, egal wie weit sie vom Betrachter entfernt sind, da die Linien, die in die Tiefe führen, nicht perspektivisch verkürzt werden und nicht in einem Fluchtpunkt konvergieren, sondern zueinander parallel erscheinen. Diese Darstellung eignet sich beispielsweise für technische Zeichnungen, in denen Längenverhältnisse, Winkel und Dimensionen erhalten bleiben sollen [21]. In einem Aufruf können innerhalb eines Viewport3D die Parameter für die Position der virtuellen Kamera im kartesischen Koordinatensystem, die Projektionsrichtung und die Aufwärtsrichtung (und optional die Breite) angegeben werden:

```
<OrthographicCamera x:Key="Camera"
 Position="0, 0, 4"
 LookDirection="0, 0, -4"
 UpDirection="0, 1, 0"/>
```

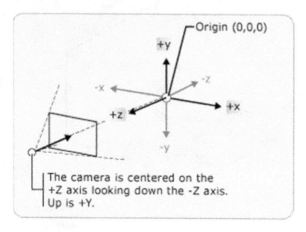

Abbildung 15: Kameraposition, Projektionsebene und virtueller Raum im kartesischen Koordinatensystem [21]

Bei der orthogonalen Kamera muss keine `FieldOfView`-Eigenschaft definiert werden. Sie kann als ein Spezialfall der perspektivischen Kamera gesehen werden, denn bei einem extremen Field of View erscheinen auch dort Tiefenlinien parallel (vergleichbar extremer Brennweite eines Zoom-Objektivs bei realen Kameras). Für die realitätsnahe Projektion eines Raumes auf eine Fläche ist die orthogonale Kamera jedoch nicht zu verwenden.

Abbildung 16: Orthographische und perspektivische Projektion [21]

Die `PerspectiveCamera` ermöglicht über diesen Spezialfall hinaus die Erzeugung von realistischen Ansichten von Bildräumen. Auf diese Weise sind Bildprojektionen zu erzeugen, die zentralperspektivisch aufgebaut sind, bei der Linien parallel zur Bildebene parallel bleiben, Linien, die in die Tiefe gehen, jedoch im Fluchtpunkt konvergieren und verkürzt werden, so dass nahe Objekte größer erscheinen als weite entfernte. Auf diese Weise wird der Eindruck eines Fensters in einen Bildraum erzeugt, dies jedoch nur an einem bestimmten Punkt im Raum, nämlich, wenn man sich direkt und zentriert vor dem Bild befindet. Dies ist bei einem vertikal aufgestellten Monitor zwar meist der Fall, bei einem horizontal angebrachten jedoch eher die Ausnahme. Notwendig ist also eine Anpassung an den aus den Kinect-Daten erhaltenen Augenpunkt. Dies kann geschehen, indem die Kameraposition und der Blickwinkel auf das Objekt angepasst werden. Sie wird in im XAML über ihrer Position und Blickrichtung sowie die Richtung für „Oben" und das Sichtfeld definiert:

```
<PerspectiveCamera x:Key="Camera"
 Position="0, 0, 4"
 LookDirection="0, 0, -4"
 UpDirection="0, 1, 0"
 FieldOfView="30"/>
```

Die perspektivische Kamera ist vergleichsweise einfach in der Handhabung und für die meisten Anwendungsfälle ausreichend. Mehr Funktionalitäten erlaubt jedoch die Matrixkamera. Mit ihr sind jede Art von Projektionen möglich sowie die Festlegung der NearPlane- und FarPlaneDistance.

Um eine quasi-holographische Illusion aufgrund von Head-Tracking überzeugend zu generieren, muss die 3D-Grafik korrekt berechnet werden. Dazu ist zunächst der Aufbau der Hardware sowie die Position des Betrachters von Bedeutung.

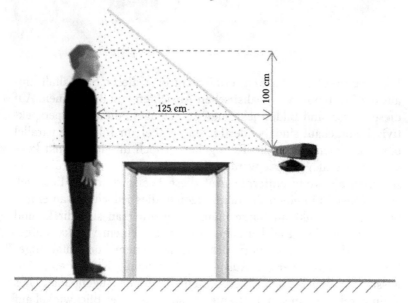

Abbildung 17: Schematischer Aufbau des Systems

Der PixelSense-Tisch ist 109,5 cm breit, besitzt eine Tiefe von 70,74 cm und ist mit montierten Beinen 72,8 cm hoch [22]. Die Kinect wird in Höhe des Displays in einer Entfernung von ca. 55 cm angebracht, damit die Person optimal im Kamerafeld und in optimaler Distanz erfasst werden kann. Die Person steht üblicherweise eine Armlänge von dem Display entfernt. Auf diese Weise befindet sich der Kopf des Users in einer angenommenen Ausgangsposition etwa mittig vor der Kinect in einer Höhe von ca. 100 cm und ungefähr 125 cm entfernt.

Des Weiteren ist von Bedeutung, wie die Grafik aufgrund dieses Aufbaus zu berechnen ist. Dabei ist folgendes zu beachten:

(1) Der Augenpunkt des Betrachters entspricht der Position der virtuellen Kamera. Deren Position wird entsprechend der von der Kinect gesendeten Kopfposition dynamisch verändert.

(2) Das Display entspricht der Projektionsebene (NearPlane). Dies bedeutet, dass die Projektionsebene nicht orthogonal zum Blickvektor bleibt, sondern mit dem Display statisch im Raum steht, sich vielmehr die virtuelle Kamera relativ dazu bewegt und dadurch ihren Blickwinkel zur Projektionsebene verändert. Dies ist mit der Perspective Camera nicht zu lösen, sondern die Matrix Kamera anzuwenden, da es durch diese Scherung zu einem asymmetrischen Frustum kommt.

(3) Die Entfernungsdaten liefert die Kinect relativ zum Sensor und in Metern. Zur Berechnung der 3D-Grafik sind diese jedoch in Units des cartesianischen Koordinatensystems umzurechnen. Dabei entspricht die z-Achse der Grafik bei einem als Tisch aufgestellten PixelSense-Display der y-Achse des Realraums.

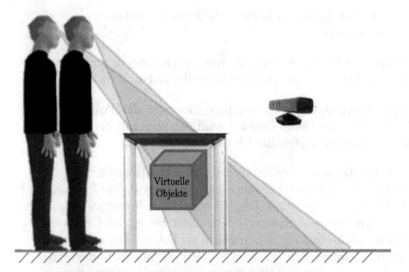

Abbildung 18: Ein bewegter Blickpunkt bei statischer Projektions-ebene führt zu einem asymmetrischen Frustum

Head-Tracking, das die Augenposition des Betrachters verfolgt, er-möglicht die dynamische Anpassung des Fluchtpunktes einer 3D-Grafik und damit eines immersiven Erlebnisses. Der Benutzer soll sich dem Display annähern und seine Position in alle drei Raum-richtungen bewegen und damit die Raumkonstruktion des 2D-Bildes, d.h. des virtuellen 3D-Raums, verändern können. Dabei ent-sprechen das Display der Projektionsfläche und der Blickpunkt der virtuellen Kamera einer 3D-Konstruktion.

Auf diese Weise erhält man stets eine Projektion, die einer Bildebe-ne entspricht, die orthogonal zur Blickrichtung ist. Eine immersive 3D-Grafik benötigt jedoch nicht nur die Anpassung der Position und Blickwinkel der virtuellen Kamera an den realen Augenpunkt, sondern auch die Anpassung des Winkels der Projektionsebene an das Verhältnis des bewegten Auges und des unbewegten Displays, denn das Display entspricht der Projektionsfläche, auf der vom je-weiligen Augenpunkt aus der Eindruck eines Tiefenraums erschei-nen soll. Mit anderen Worten: Eine „Head Coupled Perspective" ist eine Projektion, die in sich noch einmal im Raum verzerrt ist. Oder: Die Sehpyramide (Frustum) ist asymmetrisch.

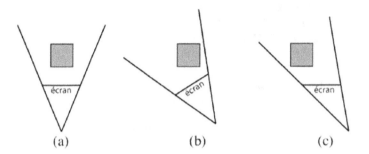

Abbildung 19: Verschiebung des Blickpunktes. (c) entspricht dabei einer im Winkel zur User-Position veränderbaren Projektionseben [24]

Dies ist mit den Parametern einer `PerspectiveCamera` nicht möglich. Vielmehr kommt hier der dritte Kameratyp zum Einsatz, die `MatrixCamera`, die eine universelle Perspektiv-Projektion ermöglicht. Diese Kamera berechnet die Projektion aus zwei Matrizen, der `ViewMatrix` und der `ProjectionMatrix`. Eine Matrix ist ein multidimensionales Array. In WPF ist die 3D-Matrix-Struktur `Matrix3D` als 4x4 Matrix im homogenen Koordinatensystem definiert und hat die folgende Syntax [20]:

$$\begin{pmatrix} M11 & M12 & M13 & M14 \\ M21 & M22 & M23 & M24 \\ M31 & M32 & M33 & M34 \\ OffsetX & OffsetY & OffsetZ & M44 \end{pmatrix}$$

Mithilfe der der `ViewMatrix` wird die Position und Orientierung er Kamera festgelegt. Die `ProjectionMatrix` definiert das Frustum, d.h. dessen Begrenzung durch die Near Clipping Plane und Far Clipping Plane, bzw. die Grenzen der Sichtbarkeit (Culling). Mit Beispieldaten gefüllt kann der XAML-Code folgendermaßen aussehen:

```
<Viewport3D.Camera>
    <MatrixCamera x:Name="mainCamera">
    <MatrixCamera.ViewMatrix>
     <Matrix3D
     M11="0.89" M12="0.98" M13="-0.44" M14="0"
     M21="0" M22="0.98" M23="0.22" M24="0"
     M31="0.45" M32="-0.20" M33="0.87" M34="0"
     OffsetX="0" OffsetY="-0.98" OffsetZ="-4.8"
     M44="1" />
    </MatrixCamera.ViewMatrix>

    <MatrixCamera.ProjectionMatrix>
     <Matrix3D
     M11="0.89" M12="0.98" M13="-0.44" M14="0"
     M21="0" M22="0.98" M23="0.22" M24="0"
     M31="0.45" M32="-0.20" M33="0.87" M34="0"
     OffsetX="0" OffsetY="-0.98" OffsetZ="-4.8"
     M44="1" />
    </MatrixCamera.ProjectionMatrix>
    </MatrixCamera>
</Viewport3D.Camera>
```

Das Frustum wird definiert über Begrenzungen des Clippings und Cullings. Konkret bedeutet dies die Definition der vorderen (Near-Plane) und hinteren (FarPlane) sowie der oberen, unteren, linken und rechten Begrenzung.

$$\begin{pmatrix} \dfrac{2\text{ near}}{\text{right-left}} & 0 & \dfrac{\text{right+left}}{\text{right-left}} & 0 \\ 0 & \dfrac{2\text{ near}}{\text{top-bottom}} & \dfrac{\text{top+bottom}}{\text{top-bottom}} & 0 \\ 0 & 0 & \dfrac{\text{far+near}}{\text{far-near}} & \dfrac{2\text{ far near}}{\text{far-near}} \\ 0 & 0 & -1 & 0 \end{pmatrix}$$

Wenn der Betrachter sich in Richtung der Y-Achse (nach unten) bewegt, verschwinden die Objekte nach oben. Schaut man nach oben (Blickrichtung der virtuellen Kamera), wird die Projektion verzerrt, weil die Projektionsebene orthogonal zur Blickrichtung bleibt. So

50

muss die Blickposition nach unten, aber die Projektionsebene nach oben verschoben werden, also relativ zu den Objekten unverändert bleiben. Das ist nur mit der Matrixkamera möglich. Auf diese Weise erhält man die parallelen Linien und verschiebt praktisch nur den Fluchtpunkt. Diese Kombination an Parametern wird an die Head-Tracking-Daten der Kinect gebunden.

Umgesetzt wird dies zunächst im XAML, das anschließend seine Funktionalität und Anbindung an die Kinect durch den „Code behind" erhält.

Innerhalb eines Grid-Tags wird ein Viewport3D gelegt, innerhalb dessen zunächst die Ressourcen, also Modelle mit ihren Materialien, in einem Dictionary angelegt werden. Dann wird die MatrixCamera zunächst ohne Parameter angelegt. Diesem werden nun die Modelle als dynamische Ressourcen als Children-Elemente hinzugefügt. Dieses Objekt wird mit einer Transformation auf die richtige Größe skaliert, in den optimalen Winkel rotiert und an die gewünschte Position verschoben. Anschließend wird das Licht definiert.

```
<Grid>
<Viewport3D Name="viewCube" TouchDown="View
port3D_TouchDown" TouchMove="Viewport3D_TouchMove"
TouchUp="Viewport3D_TouchUp">
        <Viewport3D.Resources>
            <ResourceDictionary>
[...]
            </ResourceDictionary>
        </Viewport3D.Resources>

        <Viewport3D.Camera>
            <MatrixCamera x:Name="myCameraMatrix"/>
        </Viewport3D.Camera>

        <Viewport3D.Children>
        <ModelVisual3D x:Name="Modell">
            <ModelVisual3D.Content>
[...]
            </ModelVisual3D.Content>
```

```xml
        <ModelVisual3D.Transform>
            <Transform3DGroup>
                <RotateTransform3D>
                    <RotateTransform3D.Rotation>
                        <AxisAngleRotation3D
                         Angle="90"
                         Axis="1 0 0"/>
                    </RotateTransform3D.Rotation>
                </RotateTransform3D>
                <TranslateTransform3D OffsetX="0"
                 OffsetY="1" OffsetZ="-0.15" />
                <ScaleTransform3D ScaleX="0.75"
                 ScaleY="0.75" ScaleZ="0.75"/>
            </Transform3DGroup>
        </ModelVisual3D.Transform>

    </ModelVisual3D>

    <ModelVisual3D x:Name="Light">
        <ModelVisual3D.Content>
            <Model3DGroup>
                <AmbientLight
                 Color="LightBlue" />
                <DirectionalLight
                 Color="White"
                 Direction="0,20,4.3"
                 x:Name="DirectionalLightx"/>
                <SpotLight Color="White"
                 Position="1.64,3.35,5.36"
                 Direction="0.2, -0.43,-1"
                 InnerConeAngle="8"
                 OuterConeAngle="12"
                 x:Name="Spotlightx" />
            </Model3DGroup>
        </ModelVisual3D.Content>
    </ModelVisual3D>
    </Viewport3D.Children>
</Viewport3D>
</Grid>
```

Im Code werden zunächst notwendige Variablen der zu errechnenden Kameraparameter deklariert:

```
Point3D _cameraPosition = new Point3D(0, 0, 10);
Vector3D _lookDirection = new Vector3D(0, 0, -10);
Vector3D _upDirection = new Vector3D(0, 1, 0);
double _aspectRatio = 1.7;  //genaue Festlegung bei
                                  Initialisierung
double _fov = 30;
double _right = 2,
       _left = -2,
       _top = 2,
       _bottom = -2,
       _zn = 9,  //Entfernung von Camera
       _zf = 20;
```

Anschließend wird auf die im XAML definierte Szene zugegriffen und die Matrixprojektion mithilfe der Kinect-Daten neu berechnet. Nach jedem verarbeiteten Frame des Skeleton-Streams, der eine Position des Kopfes ergeben hat, wird eine Funktion namens PerspectiveChange aufgerufen. Diese führt den Matrizen die notwendigen Daten zu.

```
private void PerspectiveChange()
        {
                myCameraMatrix.ViewMatrix =
                  SetViewMatrix(_cameraPosition,
                  _lookDirection, _upDirection);
                _cameraPosition.X = Umrechnung(hp_x, 0,
                  0.4, 0, _fov/10*_aspectRatio);
                _cameraPosition.Y = Umrechnung(hp_z,
                  Nullpunkt_Display, Nullpunkt_Display +
                  0.31, 0, _fov / 10);
                _cameraPosition.Z = 10;
                _zn = _cameraPosition.Z - 1.01;

                myCameraMatrix.ViewMatrix =
                  SetViewMatrix(_cameraPosition,
                  _lookDirection, _upDirection);
```

```
    _left = -_cameraPosition.X - (_fov / 10) *
        _aspectRatio;
    _right = _left + (_fov / 10) * _aspectRatio
        * 2;
    _top = -_cameraPosition.Y + (_fov / 10);
    _bottom = _top - (_fov / 10) * 2;

    myCameraMatrix.ProjectionMatrix =
        SetPerspectiveOffCenter(_left, _right,
        _top, _bottom, _zn, _zf);
}
```

Grundlage für diese Berechnung ist, dass der Nullpunkt, die Entfernung zur Kinect, an dem direkt von oben auf die Szene geblickt wird, bei 0,9 m liegt. Außerdem hat ein Würfel von einer Unit, der direkt auf der Projektionseben aufliegt, eine Kantenlänge von rechnerisch 16,20 cm. Dies ist die Umrechnungseinheit von realen Dimensionen zu Einheiten des Bildraums.

Die in dieser Funktion aufgerufenen Unterprozeduren Set-ViewMatrix und SetPerspectiveOffCenter übergeben die oben errechneten Parameter an die Matrixprojektion [entnommen und angepasst aus 20].

```
public static Matrix3D SetViewMatrix(Point3D camera
Position, Vector3D lookDirection, Vector3D upDirection)
    {
    // Normalize vectors:
    lookDirection.Normalize();
    upDirection.Normalize();

    // Define vectors, XScale, YScale, and ZScale:
    double denom = Math.Sqrt(1 -
        Math.Pow(Vector3D.DotProduct(lookDirection,
        upDirection), 2));
    Vector3D XScale =
        Vector3D.CrossProduct(lookDirection,
        upDirection) / denom;
```

```
Vector3D YScale = (upDirection -
  (Vector3D.DotProduct(upDirection,
  lookDirection)) * lookDirection) / denom;
Vector3D ZScale = lookDirection;   // Construct M
                                        matrix:
Matrix3D M = new Matrix3D();
M.M11 = XScale.X;
M.M21 = XScale.Y;
M.M31 = XScale.Z;
M.M12 = YScale.X;
M.M22 = YScale.Y;
M.M32 = YScale.Z;
M.M13 = ZScale.X;
M.M23 = ZScale.Y;
M.M33 = ZScale.Z;

// Translate the camera position to the origin:
Matrix3D translateMatrix = new Matrix3D();
  translateMatrix.Translate(new Vector3D(
  -cameraPosition.X, -cameraPosition.Y,
  -cameraPosition.Z));

// Define reflect matrix about the Z axis:
Matrix3D reflectMatrix = new Matrix3D();
reflectMatrix.M33 = -1;

// Construct the View matrix:
Matrix3D viewMatrix =
  translateMatrix * M * reflectMatrix;
return viewMatrix;
}

public static Matrix3D SetPerspectiveOffCenter(double
left, double right, double bottom, double top, double
near, double far)
     {
     Matrix3D perspectiveMatrix =
           new Matrix3D();
     perspectiveMatrix.M11 = 2 * near / (right - left);
     perspectiveMatrix.M22 = 2 * near / (top - bottom);
```

```
perspectiveMatrix.M31 =
 (right + left) / (right - left);
perspectiveMatrix.M32 =
 (top + bottom) / (top - bottom);
perspectiveMatrix.M33 = far / (near - far);
perspectiveMatrix.M34 = -1.0;
perspectiveMatrix.OffsetZ =
 near * far / (near - far);
perspectiveMatrix.M44 = 0;
return perspectiveMatrix;
}
```

Die Hilfsfunktion Umrechnung dient schließlich der schnellen Skalierung von Maßen:

```
public double Umrechnung (double inx, double inmin,
double inmax, double outmin, double outmax)
    {      double outx;
           outx=(inx-inmin)*((outmax-outmin)/
           (inmax-inmin))+outmin;
           return outx;
    }
```

Auf diese Weise wird eine Szene mit Modellen so als Projektion berechnet, dass sie von jedem Betrachterstandort vor dem Tisch aussieht, als seien die Modelle an einem Ort und könnten von verschiedenen Seiten betrachtet werden.

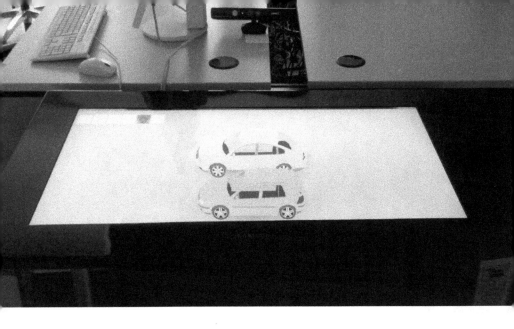

Abbildung 20: Bildeindruck bei Annäherung von weiterer Entfernung (oben sichtbar die Kinect)

Abbildung 21: Bildeindruck von der linken Seite

Abbildung 22: Bildeindruck von der rechten Seite

2.2.3. Touch-Input

Ein Displaysystem, das dem Benutzer in Abhängigkeit von seinem Standort ein Bild generiert und auf diese Weise einen realistischen Eindruck der Objekte erzeugt, lädt auch zum Berühren dieser Objekte ein. Ein Touch-Display wie der PixelSense-Tisch erlaubt diese Form der Interaktion mit den virtuellen Objekten und erhöht auf diese Weise den immersiven Eindruck.

Das Surface 2.0 SDK erlaubt die Verarbeitung von Input auf drei Ebenen. Zunächst ist es möglich, direkt auf das aus den Infrarotsensoren des Displays erzeugte Raw-Image zuzugreifen. Dies kann sinnvoll sein, um die Touch-Eingabe direkt zu visualisieren oder für den Fall, dass eine Verarbeitung der Daten erfolgen soll, die das SDK selbst nicht bereitstellt. Das SDK bietet aber darauf aufbauend die Interpretation der Fingereingaben an. Darunter einzelne Finger, sogenannte Blobs (z. B. die ganze Hand) und Tagged Objects, das bedeutet Objekte, die auf der Unterseite mit bis zu 256 verschiedenen zweidimensionalen Codes versehen wurden, um sie zu erkennen und voneinander zu unterscheiden. Diese sind mit den Ereignissen TouchDown, TouchUp und TouchMoved zu behandeln. Dabei sind bis zu 50 gleichzeitige Touch-Ereignisse verfolgbar, die mit den Koordinaten auf dem Display und einer Orientierung abrufbar sind [17]. Und schließlich bietet das SDK die Abfrage von Gesten an, darunter das TapGestureEvent und das HoldGestureEvent [26].

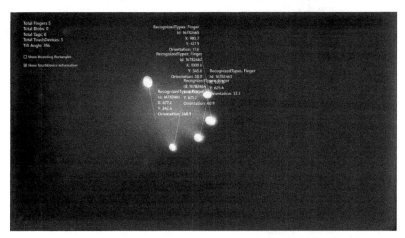

Abbildung 23: Raw-Image der IR-Sensoren des PixelSense-Displays mit überlagerten Touch-Koordinaten

Um ein 3D-Modell per Berührungseingabe zu manipulieren, können die Touch-Ereignisse jedoch nicht direkt verwendet werden. Während zweidimensionale graphische Objekte einen TouchDown-Event-handler erlauben, ist dies für den XAML-Tag ModelVisual3D nicht möglich. Stattdessen wird eine Berührung des Elements Viewport3D detektiert.

```
<Viewport3D Name="viewCube" TouchDown=
"Viewport3D_TouchDown" TouchMove="Viewport3D_TouchMove"
TouchUp="Viewport3D_TouchUp">
```

Im Ereignishandler werden daraus zunächst die Koordinaten der Berührung aus den EventArgs abgefragt. Die X- und Y-Koordinaten werden dann einem Hit-Test unterzogen. Das bedeutet, es wird geprüft, welches GeometryModel3D entlang des virtuellen Sehstrahls von dieser Berührung getroffen wurde.

```
private void Viewport3D_TouchDown (object sender,
TouchEventArgs e)
{
    Viewport3D viewCube = sender as Viewport3D;
    TouchPoint thePosition =
      e.GetTouchPoint(viewCube);
    //TouchPoint in Point umwandeln
    Point ptx = new Point();
    ptx.X = thePosition.Bounds.X;
    ptx.Y = thePosition.Bounds.Y;
    VisualTreeHelper.HitTest(viewCube, null,
      HitTestResultHandler, new PointHitTestParame-
      ters(ptx));
    // Mark this event as handled.
    e.Handled = true;
}
```

Der dazugehörige Handler gibt über die Funktion getModel das getroffene Modell an eine Funktion weiter, die Veränderung des Modells vornimmt.

```
private HitTestResultBehavior
HitTestResultHandler(HitTestResult theResult)
{
    GeometryModel3D theHitModel = getModel(theResult);
    if (theHitModel != null)
        {
        changeModel(theHitModel);
        }
    return HitTestResultBehavior.Continue;
}

private GeometryModel3D getModel(HitTestResult theResult)
{
    GeometryModel3D retval;
    if (typeof(RayMeshGeometry3DHitTestResult) ==
      theResult.GetType())
        {
        retval =
        (GeometryModel3D)((RayMeshGeometry3DHitTest
        Result) theResult).ModelHit;
```

```
            }
            else
            {
                    retval = null;
            }
        return retval;
}

private void changeModel(GeometryModel3D theModel)
{
        Random r = new Random();
        int red   = r.Next(0, byte.MaxValue + 1);
        int green = r.Next(0, byte.MaxValue + 1);
        int blue  = r.Next(0, byte.MaxValue + 1);
        Brush brush = new SolidColor-
            Brush(Color.FromArgb(byte.MaxValue, (byte)red,
            (byte)green, (byte)blue));
        theModel.Material = new DiffuseMaterial(brush);
}
```

Zu Demonstrationszwecken wird in der Funktion changeModel die Farbe des Modells verändert. So kann gezeigt werden, dass auf diese Weise ein „Car Configurator" möglich ist, in dem ein Kunde eines Autohauses beispielsweise die Farbe des Neuwagens an einem virtuellen Modell verändern kann.

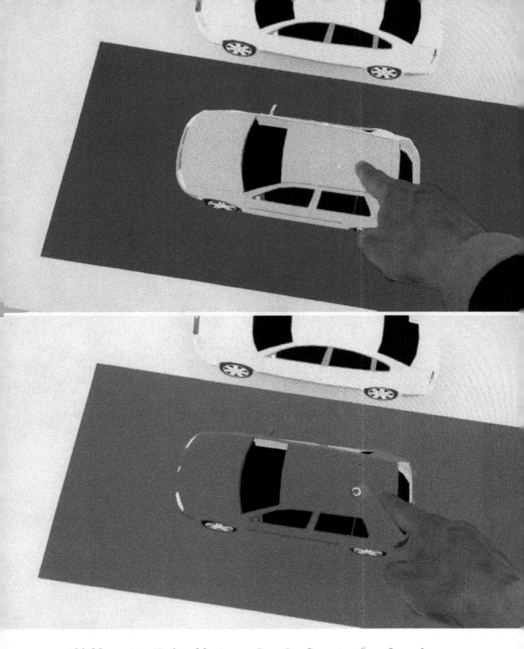

Abbildung 24: Farbwahl eines „Car Configurators" aufgrund von Touch-Eingabe

Ebenso kann das Ereignis `Viewport3D_TouchMove` abgefragt werden und das getroffene Modell innerhalb der Szene mit der Funktion per `TranslateTransform3D` verschoben werden.

```
private void Viewport3D_TouchMove(object sender,
TouchEventArgs e)
{
        Viewport3D viewCube = sender as Viewport3D;
        TouchPoint thePosition =
            e.GetTouchPoint(viewCube);
        //TouchPoint in Point umwandeln
        Point ptx = new Point();
        ptx.X = thePosition.Bounds.X;
        ptx.Y = thePosition.Bounds.Y;
        VisualTreeHelper.HitTest(viewCube, null,
            HitTestResultHandler,
            new PointHitTestParameters(ptx));
        // Mark this event as handled.
        e.Handled = true;
}

private void moveModel(GeometryModel3D theModel)
{
        double deltaX = ptx.X - lastPoint.X;
        double deltaY = ptx.Y - lastPoint.Y;
        TranslateTransform3D t =
            new TranslateTransform3D(deltaX, deltaY, 0);
        Transform3DGroup transform =
            new Transform3DGroup();
        transform.Children.Add(t);
        theModel.Transform = transform;
        lastPoint = ptx;
}
```

Dabei beinhaltet der global definierte `Point lastPoint` die jeweilige Position des Objekts innerhalb des Koordinatensystems. Die Koordinaten der Berührung werden inkrementell verfolgt und zu den vorigen ein Delta berechnet, das als Verschiebung des Objektmodells verwendet wird [27]. Die Z-Achse wird hier ignoriert, werden Höhenverschiebungen gewünscht, können diese mit einer anderen

Funktion, beispielsweise durch eine Kinect-Geste, durchgeführt werden.

Da die Kinect und PixelSense beide mit Infrarotlicht arbeiten, stellt sich die Frage, ob beide Systeme ungestört miteinander verwendbar sind. Der PixelSense-Tisch sendet per Hintergrundbeleuchtung IR-Strahlen aus, die von einem Objekt auf der Oberfläche reflektiert und von Sensoren zwischen den Pixeln aufgefangen und zu einem Raw-Image zusammengesetzt werden. Dieses dient zur Erkennung von Berührungseingaben. Der Kinect-Kontroller sendet über einen IR-Projektor ein definiertes Muster an Infrarotstrahlen, deren Reflexionen von einem CMOS-Sensor aufgenommen werden, um die Tiefendimension zu errechnen und Objekte sowie Gesten zu erkennen.

Lässt man sich das Raw-Image von PixelSense anzeigen und richtet den Kinect-Controller darauf, so wird das IR-Muster sichtbar und davor platzierte Objekte werden als „Schatten" deutlich. Dieses Muster besteht aus Punkten, die von dem System nicht als Touch-Eingaben detektiert, sondern ignoriert werden. Um Störungen zu vermeiden, ist es jedoch zu vermeiden die IR-Projektion des Kinect-Kontrollers auf die IR-Sensoren des PixelSense-Tisches zu richten. Da der Kontroller aber ohnehin in einem Mindestabstand zum User benötigt, ist dies leicht zu bewerkstelligen.

Betrachtet man den eingeschalteten PixelSense-Tisch mittels dem vom Kinect gelieferte IR-Bild wird deutlich, dass die IR-Hintergrundbeleuchtung ein gleichmäßiges Strahlen ist. Da die Kinect das ausgesendete Muster analysiert, sind auch hier kaum Störungen gegeben. Um dies vollkommen auszuschließen, ist aber auch hier auf die Ausrichtung des Sensors zu achten, die auf den Benutzer, nicht jedoch auf das Display gerichtet sein sollte.

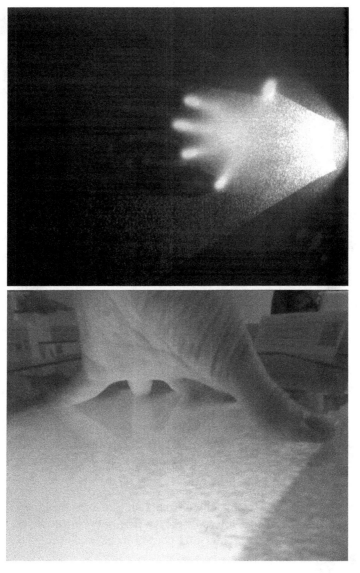

Abbildung 25: Raw-Image von PixelSense und IR-Bild der Kinect. Deutlich sichtbar das strukturierte Licht des IR-Projektors, das auf die IR-Sensoren des PixelSense-Displays fällt

Abbildung 26: Bild des IR-Sensors. Deutlich sichtbar das strukturierte
IR-Licht und die Helligkeit des PixelSense-Displays

Auf diese Weise ist ein immersives User Interface geschaffen, das
recht zuverlässig mittels des Kinect-Sensors Personen erkennt und
deren Kopf-Koordinaten an eine 3D-Grafik leitet, die mittels einer
Matrix-Projektion ein Bild erzeugt, das von jedem Punkt als über-
zeugende Illusion der dargestellten Objekte generiert, die mithilfe
der PixelSense-Touch-Erkennung manipuliert werden können.

Auf diese Weise sind Präsentationen von 3D-Objekten, beispielsweise in der Produktentwicklung möglich, die von Designern oder
potenziellen Kunden ohne weitere Geräte sehr intuitiv von verschiedenen Seiten betrachtet und ebenso intuitiv verändert werden
können.

3. Bewertung und Zukunftsaussichten

Die Umsetzung des Projektes hat gezeigt, dass das gewünschte User Interface mit den beschriebenen Systemen von Microsoft bzw. Samsung grundsätzlich umsetzbar ist. Die Entwicklungswerkzeuge sind online ausreichend beschrieben, um zu diesem Zweck eingesetzt werden zu können. Als Ergebnis kann festgestellt werden, dass ein solches System machbar ist und tatsächlich die gewünschten Effekte erzeugt. Ein solches UI kann den Zugang zu informationstechnischen Geräten vereinfachen und auch Laien einen niederschwelligen Zugriff auf Daten vermitteln. Dies kann eine Weiterentwicklung von einer textorientierten Benutzerschnittstelle über eine zweidimensionale GUI hin zu einer immersiven Schnittstelle darstellen.

Sinnvoll ist die Erweiterung des Systems durch Zusatzfunktionen. So wird die 3D-Grafik um den Status nicht erkannter Skelette von einem Hinweis überlagert, die Personen dazu animiert, sich dem System zu nähern. Sobald sie sich im Sichtbereich der Kinect befinden und erkannt werden, verschwindet dieser Hinweis und das System ist bereit zur Benutzung.

Abbildung 27: Ansicht vor der User-Erkennung durch die Kinect

Zudem ist eine Auswahl der User implementiert. Befindet sich mehr
als ein Benutzer vor dem System, werden aus dem Bild der VGA-
Kamera die Porträts der Benutzer anhand ihrer Koordinaten ausge-

schnitten und in Rechtecke am oberen Rahmen des Displays angezeigt. Da die visuelle Illusion immer nur bei einer Person funktioniert und die 3D-Grafik für die anderen Betrachter verzerrt erscheint, kann nun aus dem Skelett-Array mit bis zu sechs möglichen getrackten Usern je ein Porträt per Touch ausgewählt werden, woraufhin das Porträt mit einem farbigen Rahmen markiert wird und das Bild für die Kopf-Koordinaten dieses Users gerendert wird.

Abbildung 28: Darstellung der getrackten User und Möglichkeit der Auswahl

Für die Identifizierung von Einsatzszenarien des Systems sind die seine Besonderheiten im Vergleich zu anderen festzustellen. Auf diese Weise sind die Vorteile des PixelSense-Tisches und seine besonderen Stärken gegenüber anderen Lösungen festzustellen. Die Alleinstellungsmerkmale des SUR40 sind in folgender Tabelle grau hervorgehoben.

	Papier und Bleistift	PC mit GUI und Mouse-pointer	iPad	SUR40
Dimension	Variabel: DIN A4-A0	Üblicher-weise 14"	9,7"	40"
Ausrichtung	Tisch oder Wand	Vertikal	Meist schräg in der Hand	Tisch oder Wand
Mobilität	Variabel	Stationär, Laptop bedingt mobil	Mobil	Immobil, orts-gebunden
Komplexität	Unkomplex und zuverläs-sig im Ein-satz	Meist kom-plex mit Fehlerquel-len, aber umfangreich in den Mög-lichkeiten	Einfach Handhabung, überwiegend intuitiv, zuverlässig	Im besten Fall intuitiv für den Benutzer, Ka-librierung und Lichteinsatz komplex in In-stallation
Mehrbe-nutzer-einsatz	Ja. Beispiels-weise können Flipcharts kollaborativ in der Grup-pe eingesetzt werden	Nein. Maus und Tastatur können je-weils nur von einem Benut-zer verwen-det werden	Nein. Prak-tisch nur sehr einge-schränkt auf-grund der Displaygröße	Ja. Bei horizon-taler Verwen-dung als Tisch können mehre-re Benutzer das Gerät gleichzei-tig bedienen
Multitouch	Nicht in diesem Sinne	Nein	Ja	Ja
Eingabe	Stift	Mouse, Tastatur	Kapazitiver Multitouch	Multitouch durch PixelSen-se: die Infra-rotsensoren können einge-schränkt auch als IR-kamera bzw. IR-Scanner einge-setzt werden

Objekter-kennung	Nein	Nein	Nein	Ja. 256 Byte Tags in Position und Richtung

Tabelle 1: Vergleich der Systeme

Die Besonderheiten des SUR40 mit PixelSense liegen in der Größe des Displays in Zusammenhang mit seinen Multitouch-Möglichkeiten, der zeitgleichen kollaborativen Möglichkeiten im Tisch-Betrieb und die Erkennung von Objekten mithilfe von Byte Tags. Im Gegensatz zu einem iPad erlaubt PixelSense nicht nur eine Ortsinformation der Berührungspunkte, sondern zudem Orientierungsinformationen.

Kollaborative Zusammenarbeiten kann einerseits mit verschiedenen örtlich entfernten Endgeräten stattfinden, wie es von Kalenderanwendungen oder Google Docs bekannt ist, oder an einem Endgerät, zu dem sich die Beteiligten an einem Zeitpunkt oder zeitlich versetzt örtlich hinbegeben. Letzteres ist die Einsatzmöglichkeit von SUR40. Allerdings sind solche Anwendungen theoretisch auch durch einen PC realisierbar. Die Stärke des SUR 40 liegt jedoch im Großbilddisplay und der direkten Manipulation durch Touch-Eingabe. Die Immobilität ist hier kein Nachteil, sondern kann die die besondere Charakteristik des Gerätes darstellen.

Der Mehrbenutzereinsatz ist aber nicht notwendigerweise das Einsatzszenario. Denkbar ist auch, die besonderen visuellen Touch-Fähigkeiten in einem Einzelbenutzerarbeitsplatz in den Mittelpunkt zu stellen.

Dabei ist zu bemerken, dass SUR40 nicht notwendigerweise horizontal als Tisch verwendet werden muss. Ebenso kann eine Anbringung an der Wand sinnvoll sein, wie sie beispielsweise von interaktiven Visualisierungen in Nachrichtensendungen bekannt ist. Dies schränkt zwar teilweise die kollaborativen Möglichkeiten ein, die auf dieses Weise etwas größere Distanz zum Bildschirm gleicht die niedrige Auflösung jedoch zum Teil aus. Außerdem ist zu überlegen, ob eine schräge Anbringung in der Art eines Reißbrettes sinnvoll ist. Jeff Han demonstrierte im Jahr 2006 sein Multitouch-System auf diese Weise [51]. Im „Fox News Deck" werden die Geräte ebenfalls auf diese Weise genutzt [38].

Abbildung 29: Fox News Deck [50]

Anbringung	Durchschnittliche Distanz zum Bildschirm	Eigenschaften
Horizontal	Stehend: Armlänge Sitzend: Halbe Armlänge	Die horizontale Anbringung erlaubt es, um den Tisch herum zu stehen oder zu sitzen und gemeinsam Eingaben zu tätigen.
Vertikal	Armlänge oder weiter	Die vertikale Anbringung ist die gewohnte Form großer Bildmedien, die sich zur 3D-Darstellung eignet, bei der Eindruck eines Fensterdurchblicks erzeugt wird.

Diagonal	Armlänge oder kürzer	Dies ist eine natürliche Anbringung in einer sitzenden Position ähnlich eines Reißbretts, bei der die Distanz zu am oberen Ende befindlichen Elementen geringer ist, als bei einer Tischinstallation. Dies entlastet bei längerer Arbeitszeit die Arme (Ergonomie). Außerdem werden auf diese Weise Spiegelungen der Deckenbeleuchtung reduziert.

Tabelle 2: Vergleich der Anbringungsweisen

Eine zentralperspektivisches GUI erweitert die Touch-Technologie um interessante Möglichkeiten erweitern, gerade dann, wenn der Bildraum überzeugend nahtlos in den Realraum übergeht. Dies kann mithilfe einer Erweiterung des PixelSense-Gerätes um einen Kinect Controller erreicht werden. Innerhalb eines solchen Bildraumes erschließt die Touch-Technologie neue Möglichkeiten. So sind Realwelt-Objekte mittels Tags und Bildschirmkontakt in den Bildraum zu übergeben, bzw. zu entnehmen und innerhalb von diesem zu manipulieren, in Zusammenhang mit anderen Objekten zu bringen und sie können als bedeutungstragendes Elemente Daten abrufen oder Berechnungen anstellen.

Das System mit der hier verwendeten Konfiguration hat aber auch seine Grenzen. Vor allem wird deutlich, dass die Hardware des SUR40 nur für einfache 2D-Anwendungen ausgelegt ist, mit der das Gerät beworben wird. Der Einsatz von Echtzeit 3D-Grafik in Zusammenhang mit User Tracking und anderen Operationen bringt das System schnell an seine Grenzen. Ergebnis sind Latenzen, vor allem in dem Augenblick, in dem eine neue Person in den Blickbereich der Kinect tritt und mit Mustererkennung neu erkannt wird. Sind mehrere Benutzer vor dem System, deren Porträts aus dem VGA-Bild in die User-Auswahl kopiert werden, wird das System zusätzlich belastet, was sich in einer verzögerten Reaktionszeit bemerkbar macht. Dies stört den immersiven Eindruck jedoch erheblich. Bereits schnellere Bewegungen einer Person werden dann von der 3D-Grafik nur mit großer Latenz nachvollzogen.

Eine höhere Geschwindigkeit des Trackings ließe sich mit einer Veränderung des „Skeletal Joint Smoothing"-Filters bewerkstelligen, jedoch nur auf Kosten eines geglätteten Tracking-Verhaltens. Aufgrund der verhältnismäßig geringen Auflösung der Kinect-Kamera und einem Grundrauschen ist das Tracking mit einem Zittern verbunden, das durch einen Tiefpassfilter geglättet wird, was ebenfalls eine leichte Latenz zur Folge hat [47]. Schnellere Reaktionszeit führt daher zu höherem Zittern der Werte und damit auch der 3D-Grafik, was den immersiven Eindruck zusätzlich stört.

Mehr Realismus und eine weitere Auflösung der Bildebene können durch das Einbeziehen von Objekten vor der Bildebene erzeugt werden. In dem Patent von Apple wird bereits davon gesprochen, dass eine Kamera die Daten liefern könnte, um beispielsweise Reflexionen auf der Oberfläche von virtuellen Objekten zu erzeugen, die Objekte oder Personen vor dem Bild wiederspiegeln, um dadurch einen höheren Realitätsgrad zu generieren [37].

Die Grenzen des Systems zeigen sich jedoch auch in dem begrenzten Potenzial von Windows Presentation Foundation. Um einen überzeugenden Realismus zu erschaffen, ist es notwendig in Echtzeit auch diffuse Schlagschatten zu generieren. Dies ist mit WPF nicht möglich. In diesem Projekt wurde den Modellen künstlich ein diffuses 2D-Objekt unterlegt, um den Anschein eines Schattens darzustellen. Bei komplexeren 3D-Modellen ist dies jedoch nicht möglich. Dann müsste zu anderen Technologien gegriffen werden, die schnelles Raytracing erlauben, jedoch noch höhere Anforderungen an die Hardware stellen.

Abhilfe würde nur eine verbesserte Hardware leisten, die für 3D-Anwendungen optimiert ist und mittels einer Multi-Core-Architektur fähig ist, die hier erforderlichen parallelen Prozesse in Echtzeit zu verarbeiten. Dies ist jedoch in absehbarer Zeit vonseiten

Microsoft kaum zu erwarten, wurde die Hardware zuletzt mit SUR40 und dem Surface 2.0 SDK im Januar 2011 aktualisiert. Seit der Umbenennung des Projektes von „Surface" in „PixelSense" im Juni 2012 zeigt sich, dass die Entwicklung zu Touch-Screens bei Microsoft sich eher auf mobile kleine Displaygrößen im Konsumentenbereich konzentrieren. Seitdem werden die Tablet PCs von Microsoft unter dem Namen „Surface" geführt [40].

Die Grenzen der Hardware zeigen sich auch im Display selbst. Zwar handelt es sich um ein Display mit Full-HD-Auflösung, jedoch ist diese bei einer 40-Zoll-Diagonale und einer durchschnittlichen Entfernung des Betrachters von einer Armlänge zu gering. Durch die Einbettung der IR-Sensoren kommt das Display so nur auf eine effektive Auflösung von 55 ppi (iPad: 264 ppi) bzw. einer Größe von 0,46 mm pro Pixel. Auch diese ist zu grob, um einen Eindruck von

Abbildung 30: Großaufnahme des Displays

Realismus zu erzeugen. Ein professioneller Einsatz eines Displays, wie es exklusiv für Fox News hergestellt wurde, ist kaum vorstellbar. Dies wurde bei mit immerhin 2880x1800 Pixeln und einer noch größeren Bildschirmdiagonale (55 Zoll) realisiert [38]. Dadurch ergibt sich eine kaum höhere Auflösung von ebenfalls nur 62 ppi.

Um das System als User Interface weiterzuentwickeln, sind seine besonderen Eigenschaften auf mögliche erweiterte Einsatzszenarien zu prüfen. Zwar zeigen sich die Grenzen des Systems auch in der Auflösung des Raw-Images der IR-Sensoren, jedoch können sie möglicherweise neue Funktionen ermöglichen. So ist dieses im Infrarotbereich „sehende" Display möglicherweise als Scanner, Temperatursensor, Näherungssensor oder Tagscanner von mobilen Geräten einsetzbar.

Das Raw-Image ergibt ein Bild von 960x540 Pixeln, was auf beiden Achsen der Hälfte der Auflösung des Displays entspricht. Es ist also in jedem vierten Pixel ein Infrarotsensor integriert. Über die reale geometrische Lösung geben die von Samsung und Microsoft herausgegebenen Informationen keine Auskunft, dies könnte geometrisch aber ähnlich aussehen wie das Patent eines „Integrated Sensing Displays" von Apple aus dem Jahr 2004, das mit Licht des sichtbaren Spektrums arbeitet und zudem über jedem Sensor-Element eine Mikrolinse platziert [39].

Auf diese Weise ist dem PixelSense-Display die Ausgabe des Raw-Inputs der Infrarotsensoren möglich, die ähnlich einer Kamera oder eines Scanners die Annäherung von Objekten an die Bildschirmoberfläche sichtbar macht. Dieses Bitmap hat bei einer Bildschirmdiagonale von 40 Zoll eine Auflösung von 27,54 ppi. Hardwaremäßig sind diese Sensoren neben jedem zweiten Pixel angebracht (je in X- und Y- Richtung). Damit ist die Auflösung einerseits ausreichend, um Toucheingaben zu erkennen, andererseits zu gering, um beispielsweise bedrucktes Papier in ausreichender Auflösung wiederzugeben (hinzu kommt die Unschärfe der Abbildung bei zunehmender Distanz zur Oberfläche). Dies begrenzt den denkbaren Einsatz als Digitalisierer von gedruckten Dokumenten erheblich

Abbildung 32: Vergleich von gedrucktem Tag (oben) und auf dem iPhone dargestellt (unten)

Im Gegensatz zu PixelSense scheint die Kinect in der Strategie von Microsoft eine Zukunft zu haben. Die im November 2013 als Entwicklergerät herausgekommene Version 2.0 Alpha des Kinect-Sensors, der seit Sommer des Jahres 2014 in die reguläre Produktion gegangen ist, beinhaltet eine Full-HD-Kamera mit 1920 x 1080 Pixel und einer Framerate von 60 Bildern sowie einem 60 Prozent vergrößerten Sichtfeld. Der Mindestabstand verkürzt sich auf 1,0 m [8].

Die Technologie, mittels strukturierten IR-Lichts Tiefeninformationen zu gewinnen, spielt inzwischen auch bei anderen Unternehmen eine immer wichtigere Rolle. Unter der Bezeichnung „RealSense" möchte Intel eine Kombination aus 2D- und Tiefenkamera in den Laptop integrieren. Ziel ist nicht nur die Möglichkeit aufgrund von Tiefeninformationen bei der Videotelefonie den Hintergrund entfernen oder auszutauschen zu können, sondern auch den Laptop um Gestensteuerung zu erweitern [41].

Google geht noch einen Schritt weiter. Mit dem „Projekt Tango" möchte die Advanced „Technology and Projects Group" die Aufnahme von 3D-Daten in ein Android-Handy integrieren und damit Innenräume kartieren. Geleitet wird das Projekt von Johnny Lee, der nicht nur für die Verwendung der Wii Remote für Head-Tracking verantwortlich war, sondern auch hauptverantwortlich für die Entwicklung der Kinect bei Microsoft [42].

Amazon hat dagegen eine andere Technologie in ein Handy eingebaut. Statt eines IR-Sensors sind in das „Fire Phone" vier herkömmliche Kameras verbaut, die Gesten, vor allem aber die Augenposition des Benutzers registrieren können. Auf diese Weise ist eine OS-Oberfläche vorgesehen, die über eine Bewegungsparallaxe den Eindruck von Dreidimensionalität erzeugt [43].

Derartige Technologien scheinen zunehmend von Interesse für Industrie und Konsumenten zu sein. Dafür kann die Kombination aus *PixelSense*, *Kinect* und *WPF* eine Testumgebung darstellen, an der deutlich wird was denkbar und was machbar ist. Immersive Bildwelten, die ohne zusätzliche Peripherie niederschwellig Zugang zu Computersystemen geben und virtuelle Objekte per Touch manipulieren lassen, sind heute kein Science Fiction mehr, sondern die nahe Zukunft von Benutzerschnittstellen. Dabei spielt die Überwindung der Bildebene, die Verbindung von Realraum und Bildraum, von Realität und Virtualität eine wichtige Rolle.

4. Anhang

4.1. Weitere Dokumentation

Ein immersives User Interface ist mit statischen Abbildungen kaum zu vermitteln. Es muss erfahren werden. Dieser interaktiven Erfahrung kommt ein Video aus der User-Sicht näher.

Daher ist unter http://graphentis.de/userinterface.html ein Video von der Nutzung des Gesamtsystems sowie weitere Informationen zu finden.

4.2. Bibliographie

[1] PrimeSense Technology, http://www.primesense.com/solutions/tech nology, Abruf: 09.12.2013 (nicht mehr verfügbar)

[2] Barak Freedman, Alexander Shpunt, Yoel Arieli: Distance-Varying Illumination and Imaging Techniques for Depth Mapping, Patent US 20100290698 A1, https://www.google.com/patents/US20100290698, Abruf: 26.05.2014

[3] Micron Technology, Inc., „1/2-Inch Megapixel CMOS Digital Image Sensor", http://download.micron.com/pdf/datasheets/imaging/mt9m0 01_1300_mono.pdf, Abruf: 05.12.2013 (nicht mehr verfügbar)

[4] Sören König, *Akquisition dynamischer Geometrie mit strukturiertem Licht*, Diplomarbeit, Mai 2006, Universität Dresden

[5] D. Scharstein and R. Szeliski, "High-Accuracy Stereo Depth Maps Using Structured Light", *CVPR'03 Proceedings of the 2003 IEEE computer society conference on Computer vision and pattern recognition*, S. 195-202

[6] Mike Isaac and und John Paczkowski, "Apple Confirms Acquisition of 3-D Sensor Startup PrimeSense", 24. November 2013, http://allth ingsd.com/20131124/apple-confirms-acquisition-of-3d-sensor-startup primesense, Abruf: 30.05.2014

[7] Vincent Rabaud und Tully Foote, "Precision of the Kinect sensor", http://wiki.ros.org/openni_kinect/kinect_accuracy, Abruf: 20.05.2014

[8] Florian Kalenda, „Microsoft liefert Kinect 2 an Windows-Entwickler aus", http://www.zdnet.de/88177133/microsoft-liefert-kinect-2-an-wi ndows-entwickler-aus/, 26. November 2013, Abruf: 20.05.2014

[9] Javier Garcia, Zeev Zalevsky, "Range mapping using speckle decorre-lation", Patent US 7433024 B2, https://www.google.com /patents/US7433024, Abruf: 20.05.2014

[10] Marquardt, Bernd, *Microsoft Windows Presentation Foundation – Crashkurs*, 2., überarb. Aufl., Unterschleißheim : Microsoft Press ; Köln : O'Reilly, 2011

[11] Tim Sneath, "A Guided Tour of Windows Presentation Foundation", http://msdn.microsoft.com/en-us/library/aa480221.aspx, September 2005, Abruf: 20.05.2014

[12] Brook Taylor, *New Principles of Linear Perspective*, London, 1719

[13] David Catuhe, *Programming with the Kinect for Windows Software Development Kit*. Redmond and Wash: Microsoft Press, 2012

[14] S. Kean, J. C. Hall und P. Perry, *Meet the Kinect: An introduction to programming natural user interfaces.* New York, Apress, distributed by Springer, 2011

[15] Jarrett Webb and James Ashley, *Beginning Kinect Programming with the Microsoft Kinect SDK.* New York, Apress, 2012

[16] Samsung, "Large Format Display SUR40 mit Microsoft PixelSense", https://www.samsung.com/de/consumer/notebooks-displays/large-for mat-displays/surface-2/LH40SFWTGC/EN-spec, Abruf: 30.05.2014

[17] Microsoft Developer Network, "JointType Enumeration", http://msdn.microsoft.com/en-us/library/microsoft.kinect.jointtype.aspx, Abruf: 30.05.2014

[18] Microsoft Developer Network, "Face Tracking", http://msdn.micro soft.com/en-us/library/jj130970.aspx, Abruf: 30.05.2014

[19] ZAM 3D Version 1.0, http://www.erain.com/products/zam3d, Abruf: 30.05.2014

[20] Jack Xu: *Practical WPF Graphics Programming*, Phoenix, 2007

[21] Microsoft Developer Network, „Übersicht über 3D-Grafiken", http:// msdn.microsoft.com/de-de/library/ms747437%28v=vs.110%29.aspx, Abruf: 30.05.2014

[22] Samsung, "SUR40 for Microsoft User Manual", https://www.samsung. com/us/support/owners/product/SUR40, Abruf: 30.05.2014

[23] Chris Sells, Ian Griffiths, *Programming WPF. Building Windows UI with Windows Presentation Foundation*, O'Reilly Media, 2007

[24] Jérémie Francone, Laurence Nigay, "Using the User's Point of View for Interaction on Mobile Devices", *Conference Proceedings of IHM 2011*, 23ème Conférence francophone sur l'interaction home-ma-chine, Nice, 24-27 October 2011, ACM Press, 25-31

[25] Antonio Criminisi, Martin Kemp, Andrew Zisserman, "Bringing Pic-torial Space to Life: Computer Techniques for the Analysis of Paint-ings", November 2002, https://research.microsoft.com/apps/pubs/defa ult.aspx?id=67260, Abruf: 30.05.2014

[26] Microsoft Developer Network, "Surface SDK 2.0, Surface Touch Sup-port", http://msdn.microsoft.com/en-us/library/ff727805.aspx, Abruf: 30.05.2014

[27] Microsoft Developer Network, "Surface SDK 2.0, Moving UI Ele-ments with Touch", http://msdn.microsoft.com/en-us/library/ff727735 .aspx, Abruf: 30.05.2014

[28] MSDN Blogs, "Kinect for Windows Product Blog, Near Mode: What it is (and isn't)", http://blogs.msdn.com/b/kinectforwindows/archive/ 2012/01/20/near-mode-what-it-is-and-isn-t.aspx, Abruf: 30.05.2014

[29] Hans Jonas, „Die Freiheit des Bildens. Homo pictor und die differentia des Menschen", ders., *Zwischen Nichts und Ewigkeit. Drei Aufsätze zur Lehre vom Menschen*, 2. Aufl. Göttingen 1987 [1963], 26-4

[30] Bätschmann, Oskar und Christoph Schäublin, „Einleitung", ders. (Hg.), *Leon Battista Alberti. Das Standbild. Die Malkunst. Grundlagen der Malerei*, Darmstadt: Wissenschaftliche Buchgesellschaft, 2000, S. 13-141

[31] Microsoft Developer Network, „Microsoft Surface 2.0 SDK", http://msdn.microsoft.com/en-us/library/ff727815.aspx, Abruf: 30.05.2014

[32] Microsoft Developer Network, "Kinect for Windows SDK", http://msdn.microsoft.com/en-us/library/hh855347.aspx, Abruf: 30.05.2014

[33] Jun Rekimoto, "A Vision-Based Head Tracker for Fish Tank Virtual Reality, - VR without Head Gear –", *Proceedings of the Virtual Reality Annual International Symposium* (VRAIS'95), Februar 1995

[34] Johnny Chung Lee, "Projects, Wii", http://johnnylee.net/projects/wii, Abruf: 30.05.2014

[35] Johnny Chung Lee, "Hacking the Nintendo Wii Remote", *Pervasive*, 2008, Issue No. 3, July-September, 39-45

[36] Sébastien Piérard, Vincent Pierlot et. al., "I-see-3D! An interactive and immersive system that dynamically adapts 2D projections to the location of a user's eyes", *International Conference on 3D Imaging* (IC3D), Liège, Belgium, December 2012, 1-8

[37] Duncan R. Kerr, Nicholas V. King, "Systems and methods for adjusting a display based on the user's position", Patent US 20090313584 A1, Eingetragen: 17. Juni 2008, https://www.google.com/patents/US 20090313584, Abruf: 30.05.2014

[38] Daniel Eran Dilger, "Fox News' giant new Microsoft touch screens have fewer pixels than an iPad", http://appleinsider.com/articles/13/10/08/fox-news-new-giant-microsoft-touch-screens-have-fewer-pixels-than-an-ipad, Abruf: 30.05.2014

[39] Michael Uy, "Integrated sensing display", Patent US 7535468 B2, Eingetragen: 21. Juni 2004, https://www.google.com/patents/US75354 68, Abruf: 30.05.2014

[40] heise.de, „Microsoft kündigt eigene Tablets an", 19.06.2012, Abruf: 30.05.2014

[41] heise.de, „Intel goes Kinect: Gesten-, Gesichts- und Spracherkennung mit Kamerasystem RealSense", 07.01.2014, Abruf: 30.05.2014

[42] Jacob Kastrenakes, "Google announces Project Tango, a smartphone that can map the world around it", 20.02.2014, http://www.theverge.

com/2014/2/20/5430784/project-tango-google-prototype-smartphone-announced, Abruf: 30.05.2014

[43] Zach Epstein, "This is Amazon's smartphone", 15.04.2014, http://bgr.com/2014/04/15/amazon-smartphone-photos-specs-kindle-phone-exclusive, Abruf: 30.05.2014

[44] Margarete Pratschke, „ Interaktion mit Bildern. Digitale Bildgeschichte am Beispiel grafischer Benutzeroberflächen", Horst Bredekamp (Hg.), *Das Technische Bild. Kompendium zu einer Stilgeschichte wissenschaftlicher Bilder*, Berlin, 68-81

[45] Holger Tauer, *Stereo-3D: Grundlagen, Technik und Bildgestaltung*, Berlin, 2010

[46] Primesense, The Primesensor Reference Design, http://primesense.360.co.il/files/FMF_2.PDF, Abruf: 23.09.2011 (nicht mehr verfügbar)

[47] Microsoft Developer Network, "Skeletal Joint Smoothing White Paper", http://msdn.microsoft.com/en-us/library/jj131429.aspx, Abruf: 30.05.2014

[48] Microsoft, Tagged Object Integration For Surface 2.0, http://download.microsoft.com/download/D/7/B/D7BE282A-FCB2-4A2C-AC48-6BC8441AB281/Tagged%20Objects%20for%20Surface%202.0%20Whitepaper.pdf, Abruf: 30.05.2014

[49] Daniel Eran Dilger: "Fox News' giant new Microsoft touch screens have fewer pixels than an iPad", 08.10.2013 http://appleinsider.com/articles/13/10/08/fox_news_new_giant_microsoft_touch_screens_have_fewer_pixels_than_an_ipad.html, Abruf: 30.05.2014

[50] Thinus Ferreira, "Fox News Channel turns starship Enterprise with its Fox News Deck and massive touchscreen monitors, seated 'info specialists'", http://teeveetee.blogspot.de/2013/10/breaking-fox-news-channel-turns.html, Abruf: 30.05.2014

[51] TED Talks, "The radical promise of the multi-touch interface", http://www.ted.com/talks/jeff_han_demos_his_breakthrough_touchscreen, Abruf: 30.05.2014

[52] Chris Sells und Ian Griffiths, *Programming WPF*, Second Edition, Sebastopol, 2007

[53] Daniel Solis, *Illustrated WPF*, New York, 2009

[54] Jeff Kramer, Nicolas Burrus, Florian Echtler, Daniel Herrera C. und Matt Parker, *Hacking the Kinect*, New York, 2012

[55] Abhijit Jana, *Kinect for Windows SDK programming guide*, Birmingham, 2012

[56] Rob S. Miles, *Start here! Learn Microsoft Kinect API*, Sebastopol, 2012

[57] Dan Ryan, *History of Computer Graphics*, Bloomington, IN, 2011

[58] Harald Klinke, „Bildwissenschaft ohne Bildbegriff", Harald Klinke, Lars Stamm (Hg.), *Bilder der Gegenwart. Aspekte und Perspektiven des digitalen Wandels*, Göttingen, 2013, 11-28

[59] Hans Belting, *Florenz und Bagdad. Eine westöstliche Geschichte des Blicks*, 3. Auflage, München, 2009

Danksagung

Diese Arbeit ist mit der freundlichen Unterstützung des IT Innovation Teams und der AppFactory der Volkswagen AG Wolfsburg zustande gekommen, die die notwendige Hardware zur Verfügung gestellt haben. Besonderer Dank gilt Rainer Riekert für die hilfsbereite Unterstützung bei dem Projekt. Liska Surkemper danke ich für die liebevolle Anteilnahme vor allem in der Endphase der Arbeit.

5. Index

www.ingramcontent.com/pod-product-compliance
Lightning Source LLC
Chambersburg PA
CBHW071008050326
40689CB00014B/3540